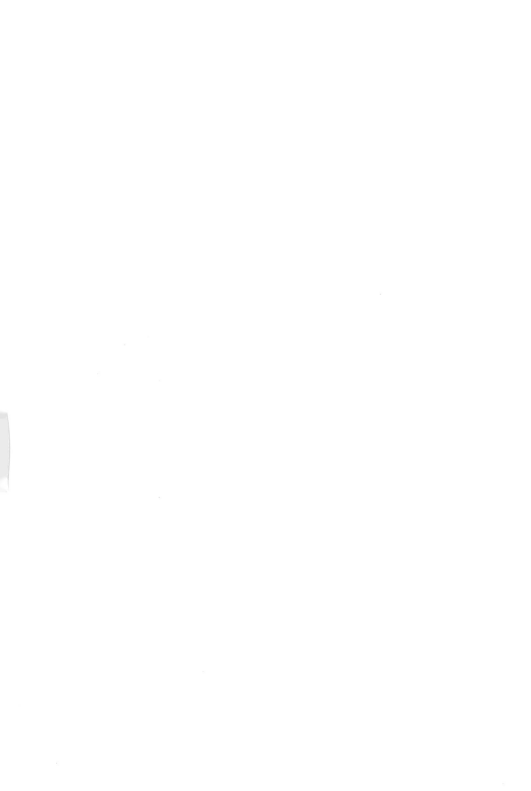

旅ボン

大阪編

ボンボヤージュ

まえがき

ハイ!! そういうわけで
今回は大阪編ということでね
笑いのハードル上がるわ～
なんて心配したりしなかったり
してるわけなんですが、
しないんかい!!
…みたいなね、ことも色々
やってこうかなと思ったり思わな
かったりしてますんで…
思わないんかい!!
という感じでよろしくお願いします。

登場人物の紹介

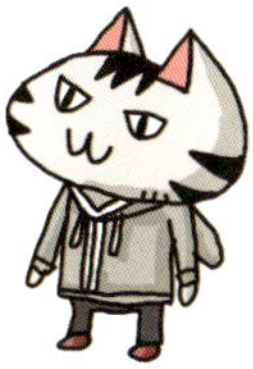

ボンボヤージュ

このマンガの作者。
ウルトラ引きこもりイラストレーター。
驚愕の雨男にして高所恐怖症のネコ舌。
大阪はサイン会で行ったことあり。

SUZU

ボン社シャチョー兼編集者。
旅行好きで大阪には何度も行っている。
サルで写真を撮る。

カネコ

ボン社スタッフ。編集者でアクマ。
大阪は初めて行く。
カタカナしゃべりなので説明に向かない。

サイトウさん

旅ボン発行元「主婦と生活社」より
つかわされた編集者。
今回の旅のサイフを握る。
色んな知識がハンパない。

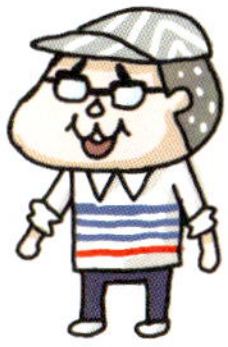

トノツカさん

主婦と生活社 編集長。
特撮への造詣が深くゴジラ好き。
今回の旅のより大き目のサイフを握る。

大阪 行ったとこマップ

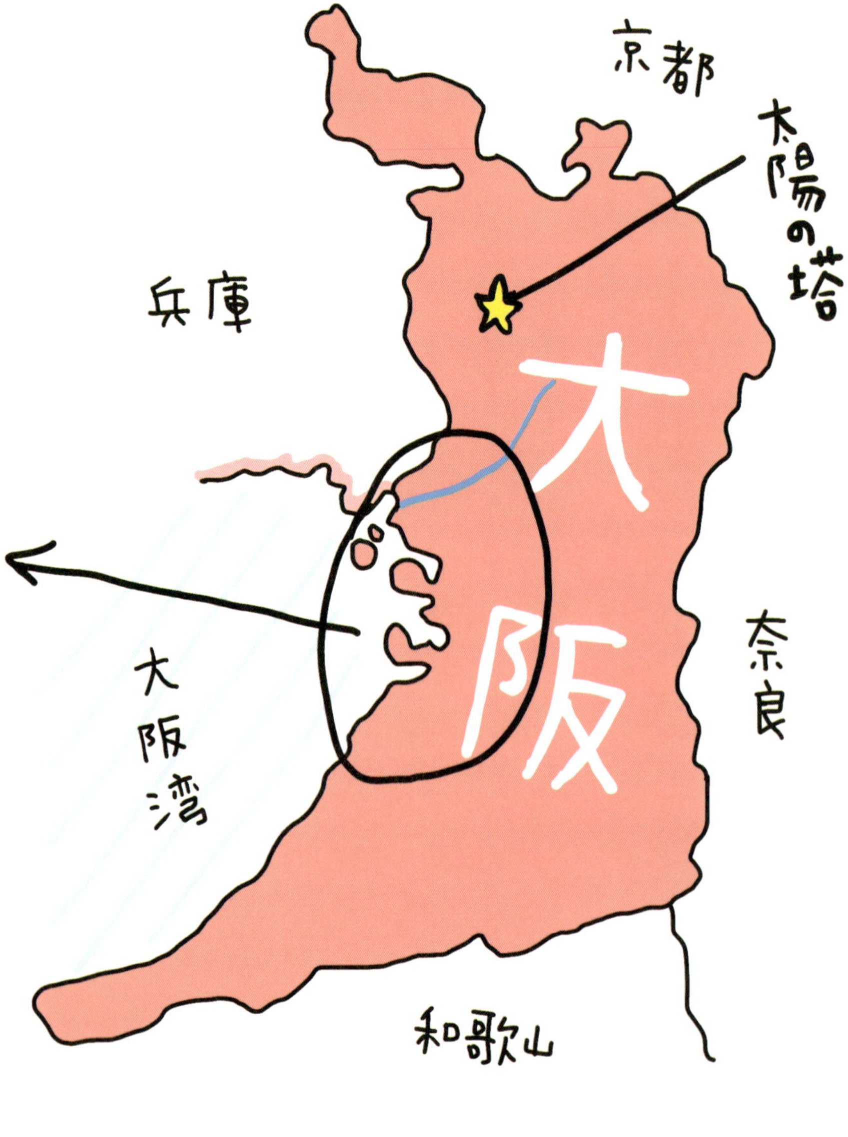

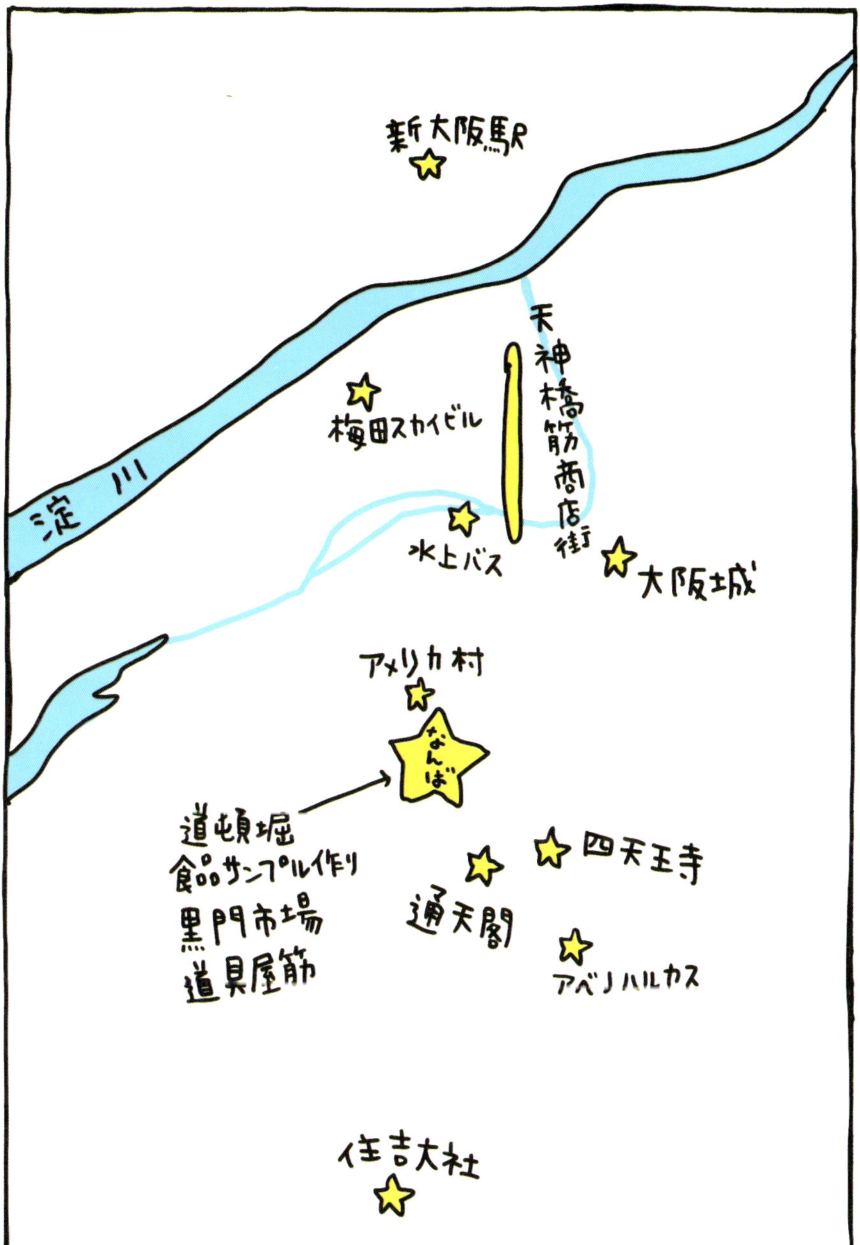
新大阪駅
淀川
天神橋筋商店街
梅田スカイビル
水上バス
大阪城
アメリカ村
なんば
道頓堀
食品サンプル作り
黒門市場
道具屋筋
四天王寺
通天閣
アベノハルカス
住吉大社

もくじ

※ 本書は2015年11月～2016年7月に行なった取材時の体験を元に描いています。が、作者の主観的見解や妄想、マンガ的デフォルメが多分に含まれておりますので、その辺りは「妄想がひどいな、この作者…」ぐらいに、やんわり受けとめていただけますと幸いです。また、文字も手描きのため、いささか読みにくいかもしれません。もろもろ、あらかじめご承知おきくださいませ。

新世界と串かつと道頓堀と

1章

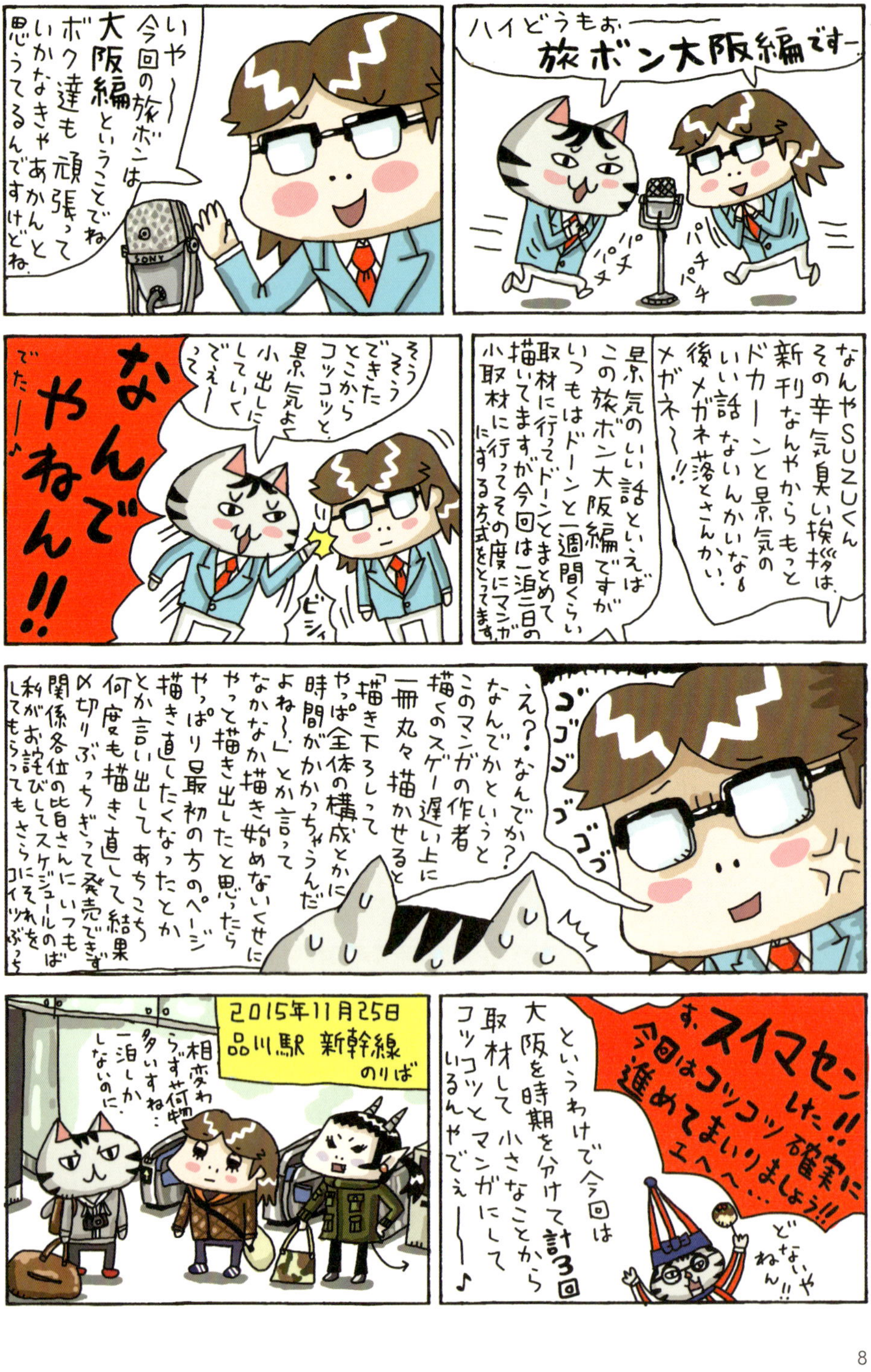

ハイどうもぉ―――
旅ボン大阪編ですー
パチパチ
パチパチ
いや～ 今回の旅ボンは 大阪編ということでね ボク達も頑張って いかなきゃあかんと 思うてるんですけどね
なんやSUZUくん その辛気臭い挨拶は 新刊なんやからもっと ドカーンと景気の いい話ないんかいな 後メガネ落とさんかい メガネ～!!
景気のいい話といえば この旅ボン大阪編ですが いつもはドーンと一週間くらい 取材に行ってドーンとまとめて 描いてますが今回は一泊二日の 小取材に行ってその度にマンガにする方式をとってます
そうそう できたとこからコツコツと 景気よく小出しにしていくでぇ～って
ビシィ
なんでやねん!!
でたー!♪
ゴゴゴゴゴゴ
え？なんでか？ なんでかというと このマンガの作者 描くのスゲー遅い上に 一冊丸々描かせると 「描き下ろしって やっぱ全体の構成とかに 時間がかかっちゃうんだよね～」とか言って なかなか描き始めないくせに やっと描き出したと思ったら やっぱり最初の方のページ 描き直したくなったとか とか言い出してあちこち 何度も描き直して結果 〆切りぶっちぎって発売できず 関係各位の皆さんにいつも 私がお詫びしてスケジュールのばしてもらってもさらにそれをコイツぶっち
す、スイマセンした!! 今回はコツコツ確実に進めてまいりましょう!! エヘヘ…
というわけで今回は 大阪を時期を分けて計3回 取材して小さなことから コツコツとマンガにして いるんやでぇ――♪
どないやねん!!
2015年11月25日 品川駅 新幹線のりば
相変わらず荷物多いすね… 一泊しかしないのに。

オオサカ タノシミデスネ。ワクワクシテ キタデェ♪
なんと大阪初めてなアクマ。
カネコさん大阪初めてなんだよねー。大阪着いたら何したい？ ドコ行きたい？ やっぱたこ焼き食べたいよねー。
我々はサイン会とかで何回か行ったことあるのよね。
ソウデスネ!! ヤッパリ イチバン ヤッテミタイノハ…
オオサカノオバチャンニ バーンッテイッタラ ウワァーヤラレター トイッテタオレテクレルヤツヲ ヤッテミタイデス♡
バーン
うわ〜ヤラレた〜〜!
あ、ああテレビでよくやってるヤツね。大阪の人はノリがいいからやってくれるかもしれないけど一番やりたいことそれ？
じゃあボンさんは今回大阪で何がしたいですか？
フッ
大阪のオバちゃんの写真をたくさん撮る!!
お前もオバちゃん目当てか!?
オバちゃん
それは人類が長い間捨てることのできなかった「羞恥心」を完全に捨て「図々しさ」を極限まで高めた究極の存在。オバちゃんパーマ（パンチ？）にド派手なファッション、行列に割り込み所かまわず大声で話し、スーパーの桃は指で押して鮮度を確認。花咲き誇るお花畑でコスモスをムシリ取るなど武勇伝は数知れず、一見迷惑極まりない存在だがマンガのネタとしてこれほどオイシイ人達はいない！キミマロもそう思ってるハズだ。

そしてそんなオバちゃんの中でも選ばれし最強のオバちゃん達がいる場所、
それが大阪!!
そこはオバちゃんの聖域(サンクチュアリ)であり そこでは通常のオバちゃんではたどり着けない人知を超えたファッションセンス(ヒドイセンシズ)に目覚めた黄金のオバちゃん達が日々トラやヒョウのクロス(服)を身にまとってなにわの町を歩き回っているという。
トラ座のマサコ
ヒョウ座のカズエ
カニは北海道!! マグロは大間!! オバちゃんは大阪!!
そんな本場のオバちゃん達をボクは激写したい!!
大阪の魅力はオバちゃんだけじゃありませんよ。
!?
おはようございます、皆さん。
オーホッホッホッホ
ドーーン
あっサイトウさんだ。
サイトウさん
旅ボン発行元「主婦と生活社」よりつかわされた編集者。今回の旅のサイフを握る引率者。銀座の美味しいお店に精通し お菓子をいつもくれる人。
ボンさんダメですよぉ~。大阪っていったらまずは…
後、サイトウさんは……
道頓堀ですよ。あそこのグリコの看板、正確にはグリコサインっていうんですけど2014年にリニューアルされてLEDの照明になりました、それから同じく道頓堀で有名なキャラといえばくいだおれ人形ですけど名前は太郎、お店自体は閉店しましたが人形は今も商店街に立ってます、あと弟もいて名前は次郎、従兄弟は楽太郎で、あ そうだ、万博記念公園の太陽の塔、あれは岡本太郎の…あ、太郎といえば食いだおれ太郎の
ベラベラベラ ベラ ベラ ベラ ベラベラ
父親の名前
おや
す、スイマセンでした!!
もうカンベンして下さい!!
うんちくがスゴい。

というわけで今回はこの4人で大阪観光へ出発です。
日程は一泊二日。
場所は有名な通天閣がある新世界やメジャー所の道頓堀のあたりを食い倒れ…いや探索しまくってくる予定です。
まずは新幹線で新大阪へ向かうでしかし♪
出発
のぞみ いきまーす!!
新大阪までは品川から新幹線で2時間半くらい。
イッタイ オオサカデハドンナ ハゲシイ ジュウゲキセンガ クリヒロゲラレルノカ♪
オバチャン ウチマクル ゾー!!
ワクワク
聞いてます?ボンさん
つまり大阪を紹介するにあたって外せない通天閣や大阪城などの昔からある観光スポットに加え、近年、定番となっているUSJ、あとあべのハルカスにグランフロント大阪。一番新しいとこでニフレルも興味深いですよねー
まだまだあるけどその中でボンさんはどこに行ってみたいと考えてるんですか?
…
サーイエッサー!!
新大阪 到着
オオー ココガ オオサカ デスカー ヌゥー♪
いや!違うな!!
正確にはココは新大阪駅。大阪といって一番にイメージされるであろう道頓堀や心斎橋、なんばとは地下鉄で10分以上の距離がありココをいわゆる大阪と紹介するのは正確な情報とは言えないですよね?サイトウさん。
ドーン
ええ、その通り。
オーホッホッ
大阪ラーニング完了!?

じゃあとりあえず通天閣を目指して新世界に行ってみましょうか。
えーっと…
地下鉄に乗って動物園前で下車ですね。キップまとめてボクが買ってきましょう。
じいい――
じぃ――
…おいトラとかヒョウとか着たオバちゃん全然いねーぞ。どういうことだ…
ヌウ――ウタレテクレソウナオバチャンモイナイ♪
分かった!! さては電車の中だな。
ガタゴトーーン
違う。
おしい!!
でもなんか違うなー〜
ゴマフアザラシ柄か?
大阪のオバちゃん…どこやねん。
ガタゴトーーン

新世界
大阪を代表する繁華街。中心部には有名な通天閣がそびえ立つ。かつてはアダルティーな店が並び風紀が乱れてるのでPTAからっドリフと新世界は見ちゃいけません!!と言われていたとかいないとか…現在は昔ながらのレトロな街並みがウケて人気の観光スポットになっているとかいないとか(いるよ!!)
日立
新世界・通天閣 ジャンジャン横丁
動物園 美術館
ココくぐってくの? なにやら新たな世界への旅立ちを予感させるね。
ただの高架下だろ。
フムフムなるほど…
どうやら通天閣はこの先のジャンジャン横丁のアーケードを抜けた先にあるみたいですね。
動物園
ジャンジャン横丁
ここみたいですね。
…
うーん、なんか名前の割にはさびれた商店街って感じだけど…
ジャンジャンしてない
ビビッ
ハッ!! 妖気!?
上か!!
バッ
ビビッ
ジャンジャン
通天閣
なんだアレ??
アヤシイヤツ
ジャンジャン来太郎
ジャンジャン…キタロウ!?

ジャンジャン横丁のご当地キャラクター ジャンジャン来太郎。通天閣がモチーフとなっており ジャンジャン横丁の「ジャンジャン」は三味線の音からきているということで三味線を持っています。
通天閣
カワイイかと言われると
ビミョーですが
悪い妖怪ではなさそうですね。
父さん。
というわけで横丁へGO!!
2号店
新南
ふーむ。シャッターが下りてるお店もありますけど古き良き時代を感じさせる風景ですね♪
ええ そうです そもそも横丁とはひとつ…
オバチャンイネーカ?
派手なオバちゃんはいねーか?
ん?ここ人いっぱいいるな…何やってんだ?
え!囲碁将棋!?
渋っ
三桂クラブ
うーむ 確かに時代が止まっているかのようなレトロ具合がいい感じだね
キョロキョロ
オイオイ これまたレトロなゲーセンだな〜
そして新世界の店どこもちょうちん付けすぎ!
全テーブルゲーム
オール50円
って安っ!!

中どーなってんのかな
最新ゲームとか置いてんのかなこのゲームセ!
実施中
かすが娯楽場
ドーン
ゴラクジョ!?!
古めかしい!!
うん まあそうだけど… 娯楽の場ですもんね、ええ…
名物 串かつ
おっ! 串かつ屋だ.
?
新世界といえば串かつですよ.
大阪はたこ焼きが有名ですけど串かつも外せない名物となっておりますよ.
ホホーゥ
串かつ
たこ焼き、お好み焼きと並び大阪三巨頭の一角と称される名物料理.新世界が発祥の地とされ、多くの串かつ屋が軒を並べる.
串かつ
おっ ココも串かつ.
酒
大阪新世界
またまた串かつ!!
ジャンジャン横丁 串かつ屋図解
通天閣
串かつ
串かつ
串かつ
串かつ
串かつ
横丁抜けた先にはもっとあるんやでぇ~
串かつだらけだなオイ!!
これだけ串かつ屋があるのを見ちゃうとアレだね…

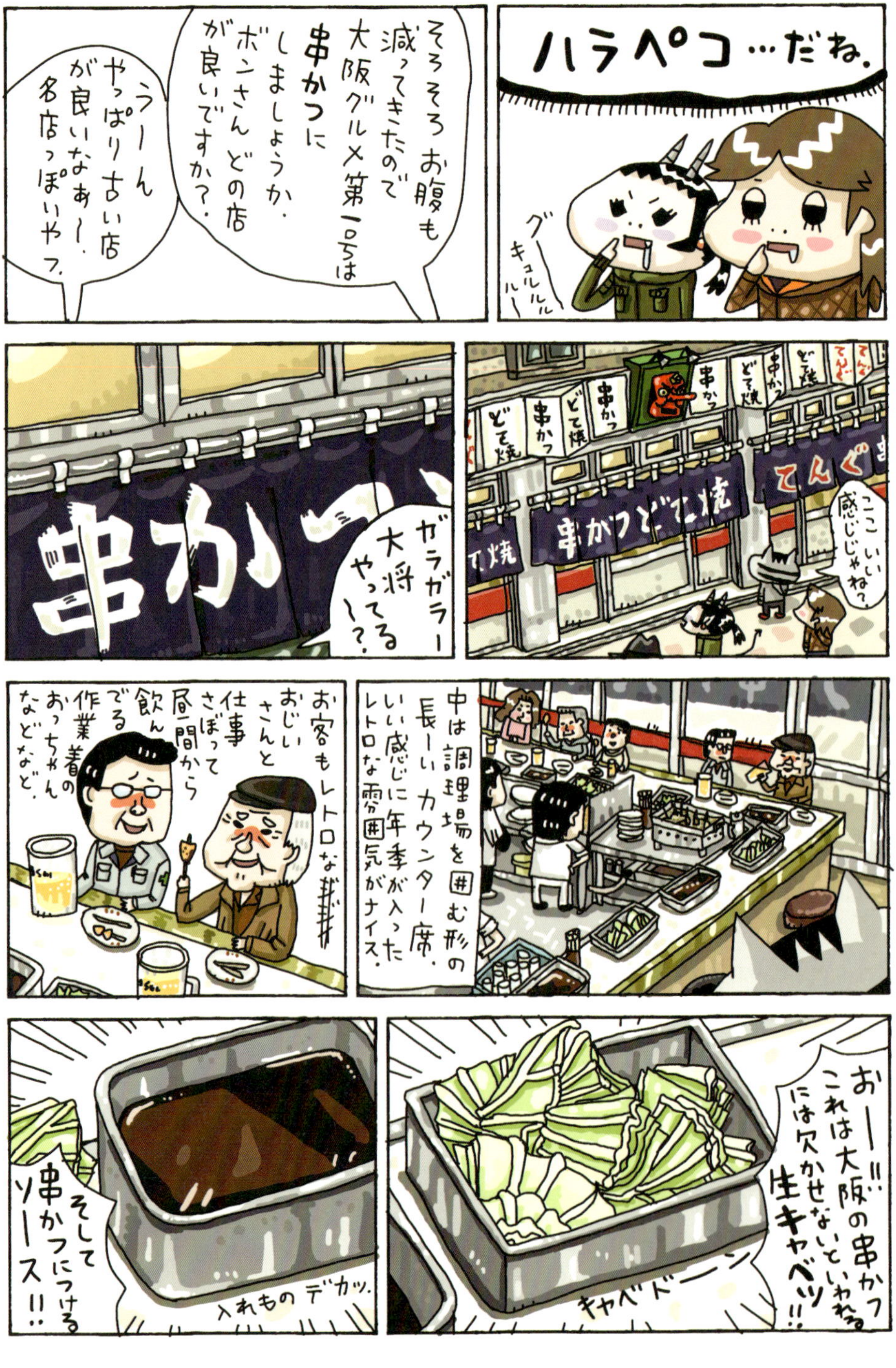
ハラペコ…だね.
グーキュルルルルー
そろそろお腹も減ってきたので大阪グルメ第一弾は串かつにしましょうか. ボンさんどの店が良いですか?
うーんやっぱり古い店が良いなぁ～. 名店っぽいヤツ.
てんぐ
どて焼
串かつ
串かつどて焼
ここいい感じじゃね?
串か
ガラガラー 大将やってる～?
中は調理場を囲む形の長ーいカウンター席. いい感じに年季が入ったレトロな雰囲気がナイス.
お客もレトロな おじいさんと 仕事さぼって昼間から飲んでる 作業着のおっちゃん などなど.
おー!! これは大阪の串かつには欠かせないといわれる生キャベツ!!
キャベドーン
そして串かつにつけるソース!!
入れもの デカッ.

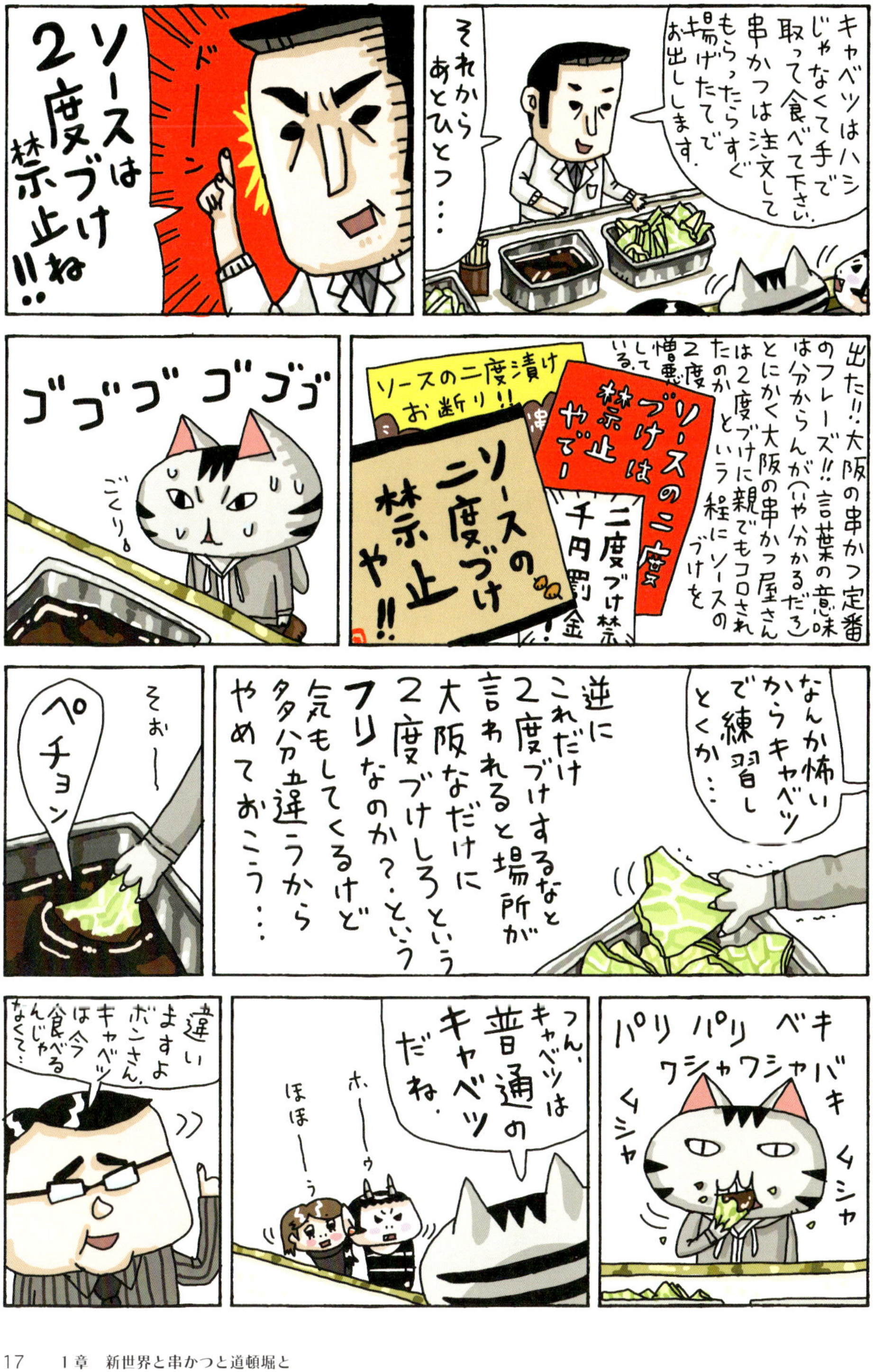

キャベツはハシじゃなくて手で取って食べて下さい。串かつは注文してもらったらすぐ揚げたてでお出しします。
それからあとひとつ…
ドーン
ソースは2度づけ禁止ね!!
出た!!大阪の串かつ定番のフレーズ!!言葉の意味は分からんが(いや分かるだろ)とにかく大阪の串かつ屋さんは2度づけに親でもコロされたのかという程にソースの2度づけを憎悪している。
ソースの二度づけは禁止やでー
ソースの二度漬けお断り!!
ソースの二度づけ禁止や!!
二度づけ禁止 千円罰金
ゴゴゴゴゴゴ
ごくり。
なんか怖いからキャベツで練習しとくか…
逆にこれだけ2度づけするなと言われると場所が大阪なだけに2度づけしろというフリなのか?という気もしてくるけど多分違うからやめておこう…
そお〜〜
ペチョン
パリ パリ ベキ バキ
ワシャワシャ
ムシャ ムシャ
うん、キャベツは普通のキャベツだね。
ホー〜〜ゥ
ほほー〜〜う
違いますよボンさん、キャベツは今食べるんじゃなくて…

串かつと串かつの間に食べるんですよ。このキャベツは串かつの油っぽさを消してくれる最高のハシ休めでありまたソースが足りなかった時にキャベツでソースをすくってかけるという使い方もあり…
す、スイマセンした!!
じゃあ〜いよいよ串かつ注文しましょうか。何にしようかな〜って
た
イカフライ
アスパラフライ
玉子フライ
串かつ
どて焼
一〇〇
ゼンブ!
とりあえず定番のネタひと通り注文してみましょうか。あとどて焼も名物らしいのでそれも一本ずつ…
安いねー串かつなんて一本一〇〇円だよ。
うふふふふ
そして串かつにはやっぱり…ビールかな♪
ビール飲む人――?
バッ
バッ
バッ
ボクウーロン茶下さい!
ゴーン
マジメか!?
あ〜皆さんは遠慮なく飲んでね。マンガ的にもビールの方が絵になりますのでね…
えーボンさんも飲めばいいのに。
烏龍茶
ブルブルブル
いやあ〜最近めっきり酒に弱くなってしまってすぐ寝てすぐ忘れちまうんでのう〜取材したこと全部忘れちゃうといかんじゃろ?何を?
ビチャビチャビチャ
おじいちゃんしっかり!!

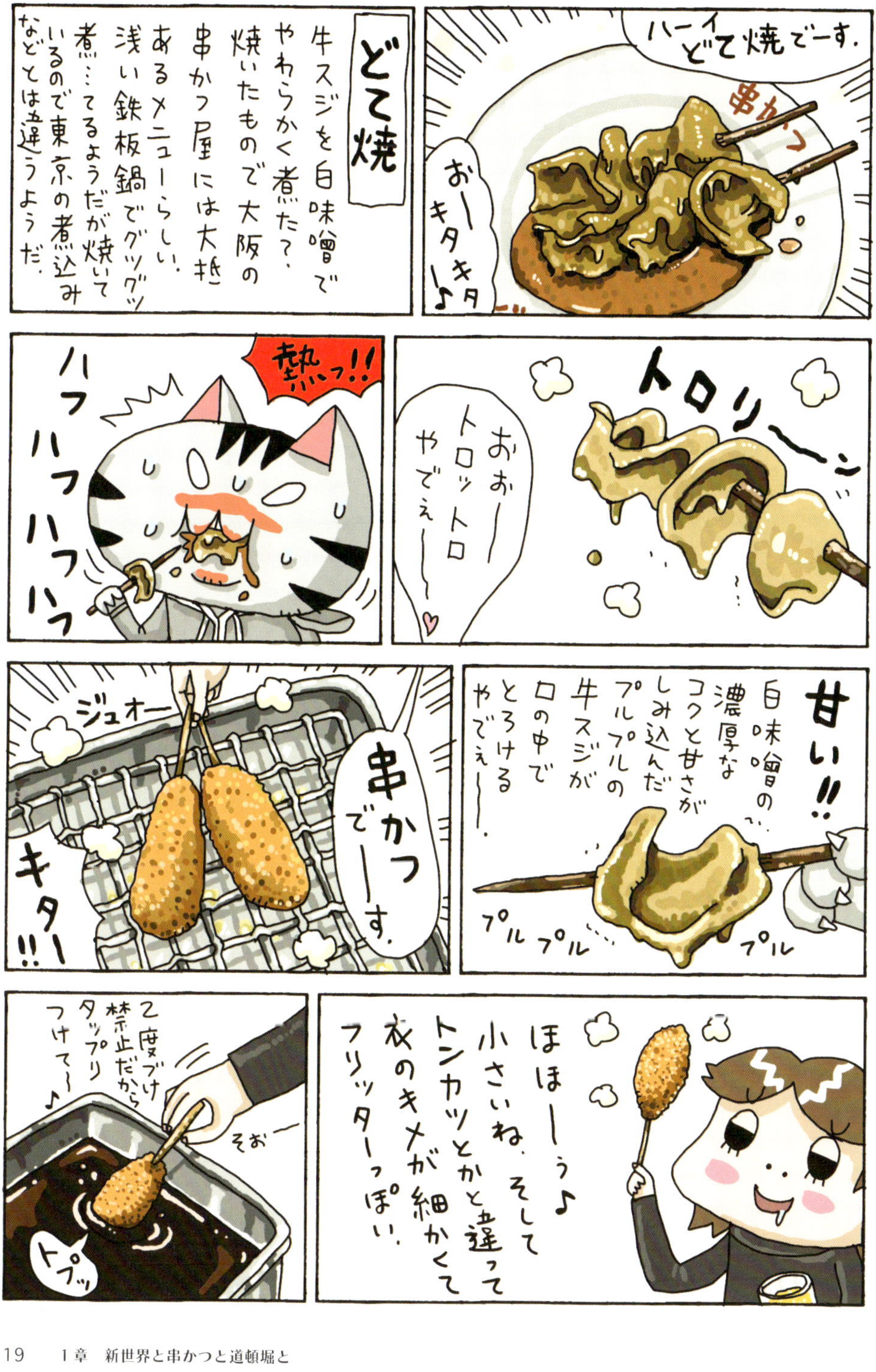

ハーイ どて焼でーす。
串かつ
おー キタキタ♪
どて焼
牛スジを白味噌でやわらかく煮たて、焼いたもので大阪の串かつ屋には大抵あるメニューらしい。浅い鉄板鍋でグツグツ煮…てるようだが焼いているので東京の煮込みなどとは違うようだ。
トロリ〜〜ン
おお〜 トロットロ やでぇ〜〜
熱っ!!
ハフ ハフ ハフ ハフ
甘い!!
白味噌の濃厚なコクと甘さがしみ込んだプルプルの牛スジが口の中でとろけるやでぇ〜〜。
プル プル プル
串かつでーす。
ジュオー
キタ〜!!
ほほーぅ♪
小さいね。そして トンカツとかと違って 衣のキメが細かくて フリッターっぽい。
2度づけ禁止だから タップリつけて〜♪
そぉ〜
トプッ

サクッ
ドーン
うんま!!
牛肉
なるほど同じカツでもトンカツなどと違いサイズを小さくし、衣を薄くすることで揚げ物特有のコッテリ感を減らし食べやすくしているのか。さらにそれにつける2度づけ禁止の例のソースもウスターソース的なあっさりバシャバシャ系でくどくなくサッパリしていてこれは何本でもいけまっせー♪
リース濃厚
衣厚い
トンカツ
衣薄い
串かつ
ソースあっさり
サクサク
ぐびぐびぐび
プハー
ぐびぐび
ぐびぐび
サクサク
ガツガツガツ
ウーロン茶じゃねえな串かつは…

うん、やっぱりキャベツは串かつの合間に食べるとサッパリしますね。なぜならキャベツに含まれるビタミンU
イカでーす
サッ
バリバリ
サクサク
アブネ!!
スポーーン!!
ブン
サッ
ぐぃぃぃぃ〜…
ズズズ…
ぐいっ
イカ好き〜
グニィ
アスパラでーす。
玉子フライでーす。
レンコンでーす。
カンニンしてや〜。イカは〜抜けにくいんやで〜。
…
バイイイーーン
完食でーす。
シィーーー
シィーーー
＜14串

余談だがブラリと入ったこの串かつ屋さん、帰って調べてみるとメチャ有名なお店だったようだ。見た目通りそうとうな老舗のようでテレビや雑誌でも取り上げられて有名人も訪れる人気店で壁にはアノ人の手形も飾ってあったらしい!!ゲェーー!!全然気付かなかった〜 残念、見たかったぜぇ。
なんと!!
アノ人の手形
TO TENGU
SUN SHINE
サンシャインの手形
えっ!?、サンシャインの手形?…え?、アクマ超人の?!! スゲーえ??
こうして串かつを満喫したボンボヤー一行、
ジャンジャン横丁を抜けるとそこは…
ジャン ジャン
あ、ジャンジャンした。
また串かつ屋だった。
串かつ
小町
名物 串かつ
またかよ!?
お土産のTシャツも串かつ。
マジかよ!?
串 カツ
お土産にいかがでっか?
この露骨なまでの串かつ推し。どうやら新世界とは大阪の新名所というコンセプトで開発されたというのは表向きの理由で真の目的はトンカツから串かつへの人類の変革。「カツといえばトンカツ」という固定概念にとらわれた古い人類を粛正しトンカツのぶ厚い衣に守られてコッテリとしたトンカツソースで身動きのとれなくなった古い世界を串かつの軽い衣とアッサリソースの力で新たなカツの世界、新世界へと進化させることが目的か!!
そこではラードに魂をしばられたコッテリタイプは迫害されカツといえば串かつ、ソースといえばウスターソースを合い言葉にアッサリ好きのニュータイプによって粛清された新たな…
やっべっぞ。
置いてくぞー!
パァー
アーー!! アレヲミロー!!

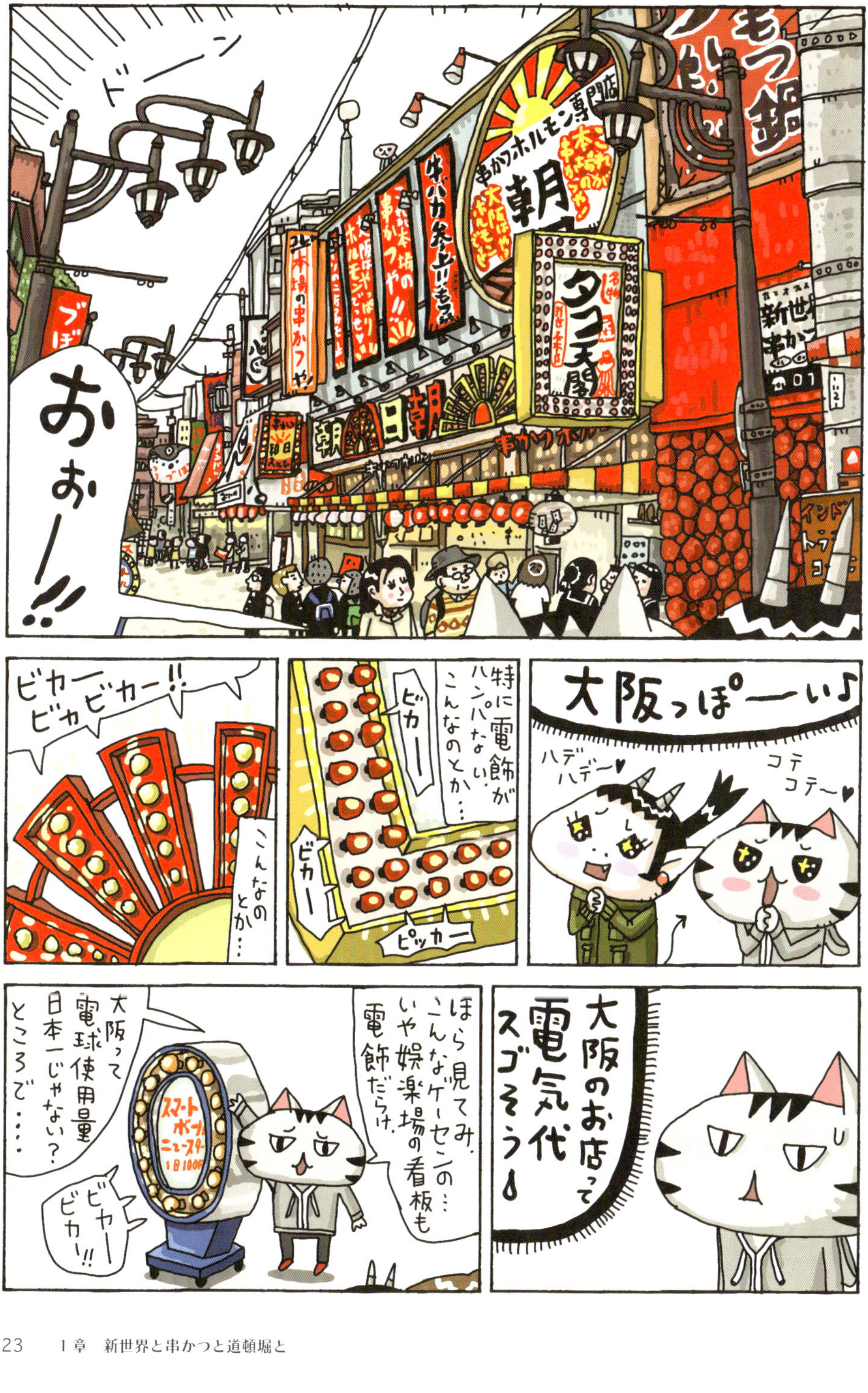

ドーーン
おぉー!!!
串かつホルモン専門店
朝日
タコ天閣
ビカー
ビカビカー!!
こんなのとか…
特にハンパない電飾がこんなのとか…
ピカー
ピカー
ピッカー
大阪っぽーい♪
ハデハデ〜♥
コテコテ〜♥
大阪のお店って電気代スゴそう
ほら見てみ、こんなゲーセンの…いや娯楽場の看板も電飾だらけ。
大阪って電球使用量日本一じゃない?ところで…
ピカーピカー!!
スマートボール
ニュースター

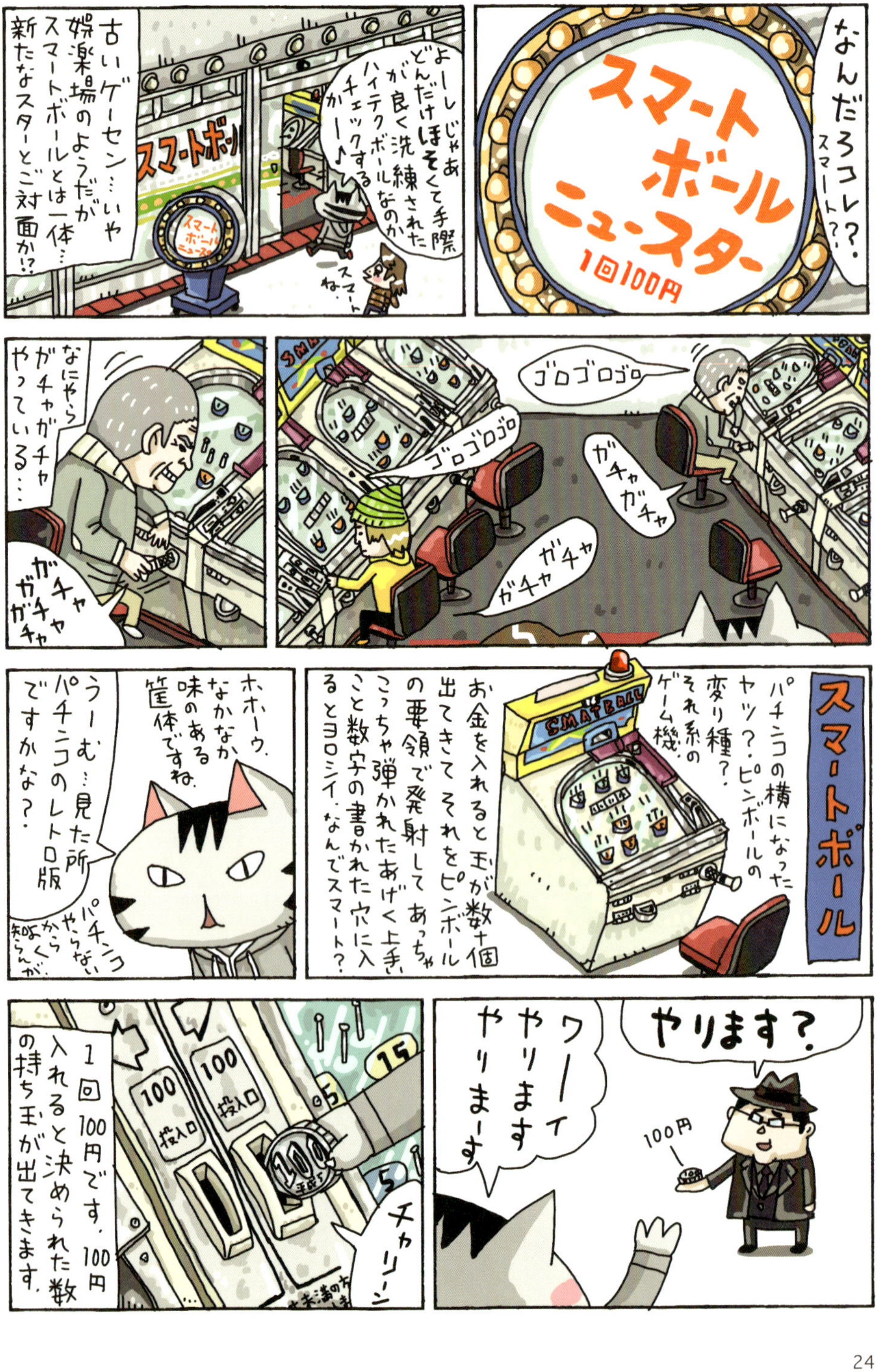
なんだろコレ?。
スマート?。
スマートボール
ニュースター
1回100円
よしじゃあどんだけほそくて手際が良く洗練されたハイテクボールなのかチェックするかー♪
古いゲーセン…いや娯楽場のようだがスマートボールとは一体…新たなスターとご対面か!?
スマートね。
スマートボール
ゴロゴロゴロ
ゴロゴロゴロ
ガチャガチャ
ガチャガチャ
なにやらガチャガチャやっている…
ガチャガチャガチャ
スマートボール
パチンコの横になったヤツ?ピンボールの変り種?それ系のゲーム機。
お金を入れると玉が数十個出てきてそれをピンボールの要領で発射してあっちゃこっちゃ弾かれたあげく上手いこと数字の書かれた穴に入るとヨロシイ。なんでスマート?
ホホーウ、なかなか味のある筐体ですね。
うーむ…見た所パチンコのレトロ版ですかかな?
パチンコやらないからよく知らんが。
やります?
ワーイやりますやりまーす
100円
1回100円です。100円入れると決められた数の持ち玉が出てきます。
100 投入口
100 投入口
チャリーン

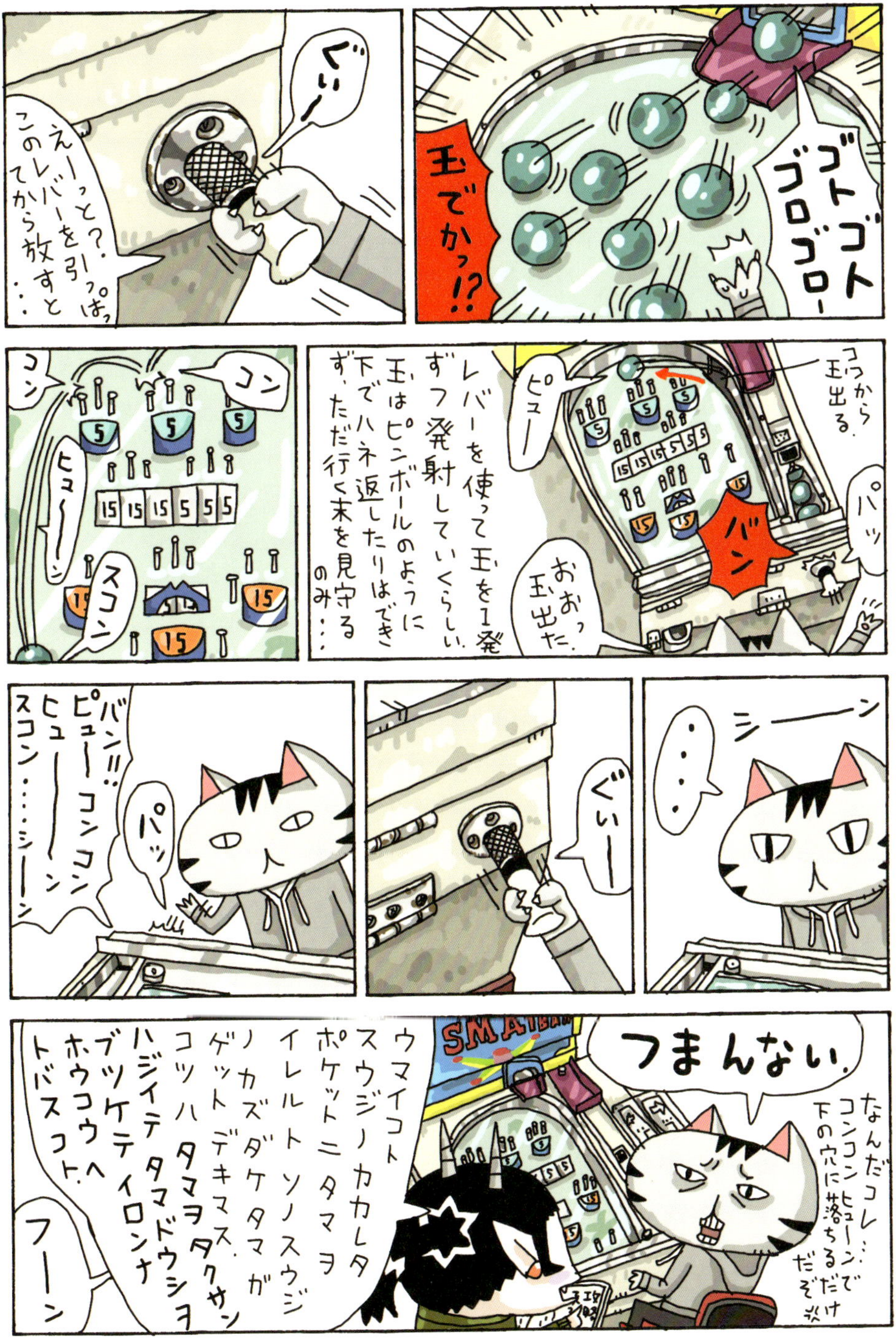
ゴトゴト ゴロゴロー
玉でかっ!?
ぐぃーー
えーっと？ このレバーを引っぱってから放すと・・・
コっから玉出る。
パッ
バン
おおっ 玉出た。
ピューー
レバーを使って玉を1発ずつ発射していくらしい。玉はピンボールのように下でハネ返したりはできず、ただ行く末を見守るのみ・・・
コン
コン
ヒュ〜〜ン
スコン
シーーン
・・・
ぐぃーー
バン!!! ピュ〜 コンコン ヒューーーン スコン・・・・シーーン
パッ
なんだコレ・・・ コンコンヒューンで下の穴に落ちるだけだぞ※
つまんない。
ウマイコト スウジノカカレタ ポケットニタマヲ イレルトソノスウジノカズダケタマガ ゲットデキマス。 コツハタマヲタクサン ハジイテタマドウシヲ ブツケテイロンナ ホウコウヘ トバスコト。
フーーン

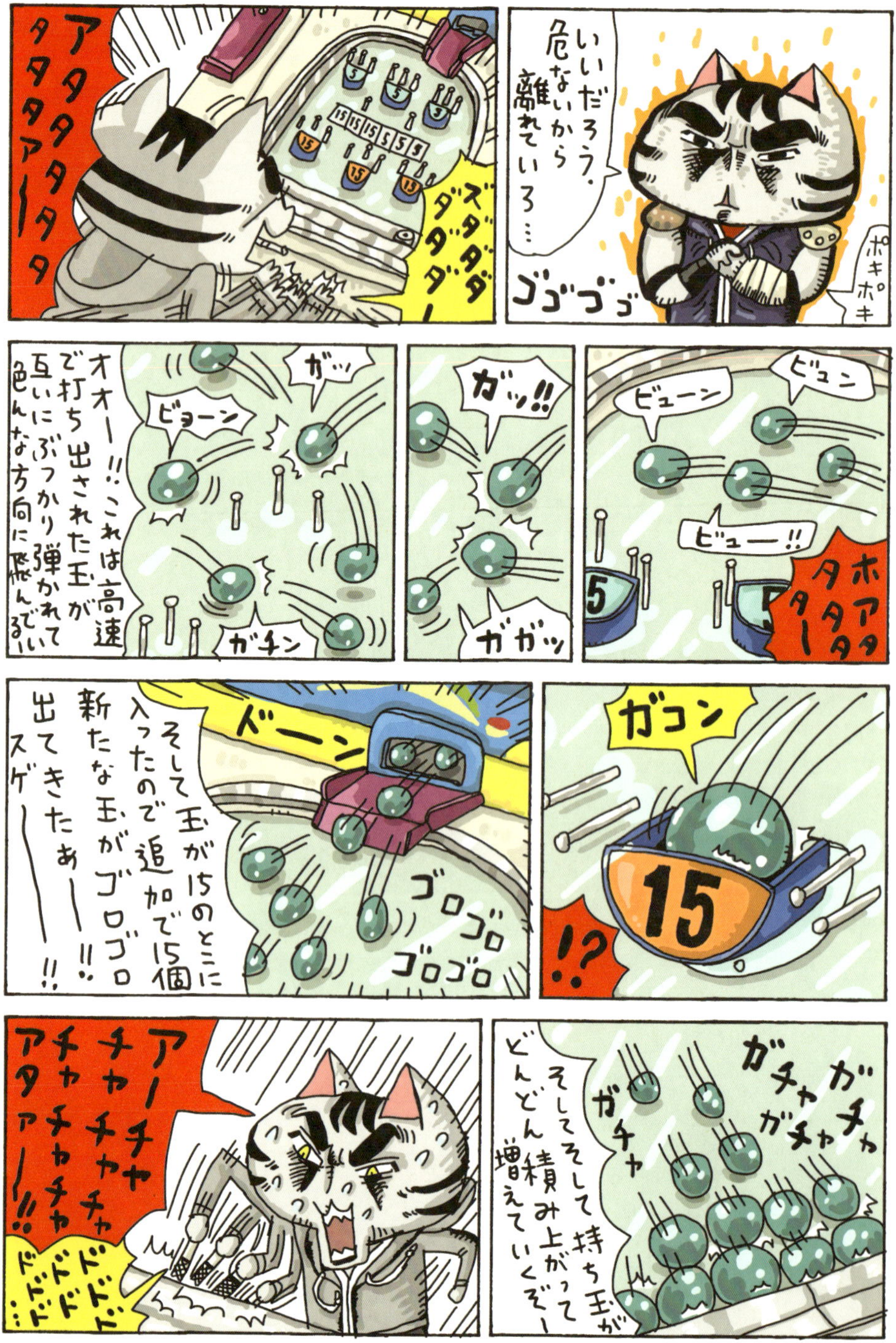
いいだろう。危ないから離れていろ…
ゴゴゴゴ
ポキポキ
アタタタタタタタ
タタタアーータタ
ズダダダダダダダー
ビューン
ビューン
ビュー!!
ホアタタタタター
ガッ!!
ガガッ
ガッ
ビョーン
ガチン
オオー!! これは高速で打ち出された玉が互いにぶつかり弾かれていて色んな方向に飛んでいる
ガコン
!?
ドーン
ゴロゴロ
ゴロゴロ
そして玉が15のとこに入ったので追加で15個新たな玉がゴロゴロ出てきたぁ――!!
スゲ――!!
ガチャガチャ
ガチャガチャ
そしてそして持ち玉がどんどん積み上がって増えていくぞー
アーチャチャチャチャチャチャチャチャアタァ~!!
ドドドドドドドドド…

スコスコ・・・
フゥ〜
次々と出てくる玉を打っては飛ばし打っては飛ばし時間はかかったが全ての玉を打ち返してやりましたぜダンナ。フフフ♪
ところでコレは何が目的のゲームなのかしら?長く打ったら勝ち??
違いますよボンさん。
打って増やした玉を貯めてその数に応じた景品をもらうんですってばあ
ゴーーーン
200玉
120玉
50玉
30玉
先に言っといてーー!!結構貯まってたのに全部全力で打ち返しちゃったよ〜
ボンさんの見てたら簡単そうだから私たちもやってみたいなーー。
じゃあみんなでやりますか?お金出しますよ。ハイ1人1回ずつですよ。
ワーイやったあーー ありがとうサイトウさん〜♪
チャリーン
チャリーン
チャリーン
チャリーン
チャリーン
…ダメだ。終わった
スカスカ
スマートボール景品ゲット目指して全員チャレンジーー!!

オワッタ
スカ
同じく
スカ
ゴロゴロゴロー
えぇ～～!?
オラオラオラオラオラ
ドドドド
スゲー
ゴロゴロゴロー!!
変な才能目覚めたー!!
炎のコマー!!
ガガガガ
ホラよ.
ドーン
景品ゲットだぜ!!
POCKY
…でどこに向かってたんだっけ?
通天閣でしょ
おじいちゃん!!
新世界といえばスマートボール…じゃなくて通天閣だからね.ちゃんとページ残しといて下さいよ!!
あ、あと通天閣には有名なアレがいますよ♪

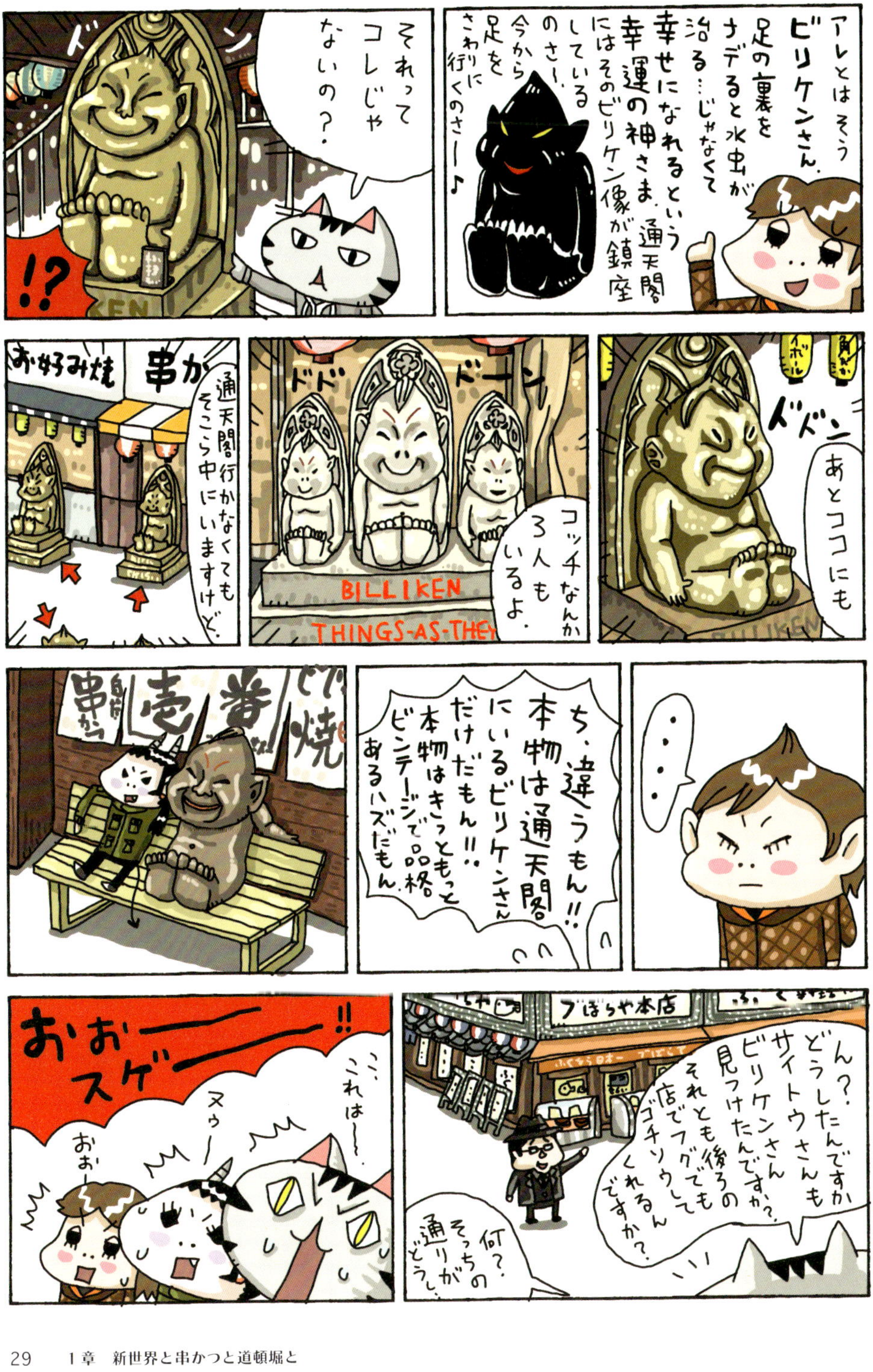
アレとはそう
ビリケンさん。足の裏をナデると水虫が治る…じゃなくて幸せになれるという幸運の神さま。通天閣にはそのビリケン像が鎮座しているのさ～。今から足をさわりに行くのさ～♪
ドーン
それってコレじゃないの？
!?
ドドーン
あとココにも
ドドドーン
コッチなんか3人もいるよ。
BILLIKEN
THINGS-AS-THEY
お好み焼
串か
通天閣行かなくてもそこら中にいますけど。
・・・
ち、違うもん!! 本物は通天閣にいるビリケンさんだけだもん!! 本物はきっともっとビンテージで品格あるハズだもん。
串かつ
壱番
焼
づぼらや本店
ん？どうしたんですか サイトウさんもビリケンさん見つけたんですか？ それとも後ろの店でフグでもゴチソウしてくれるんですか？
何？そっちの通りがどうし…
おお――スゲ――!!
こ、これは～～。
ヌゥ～
おお～

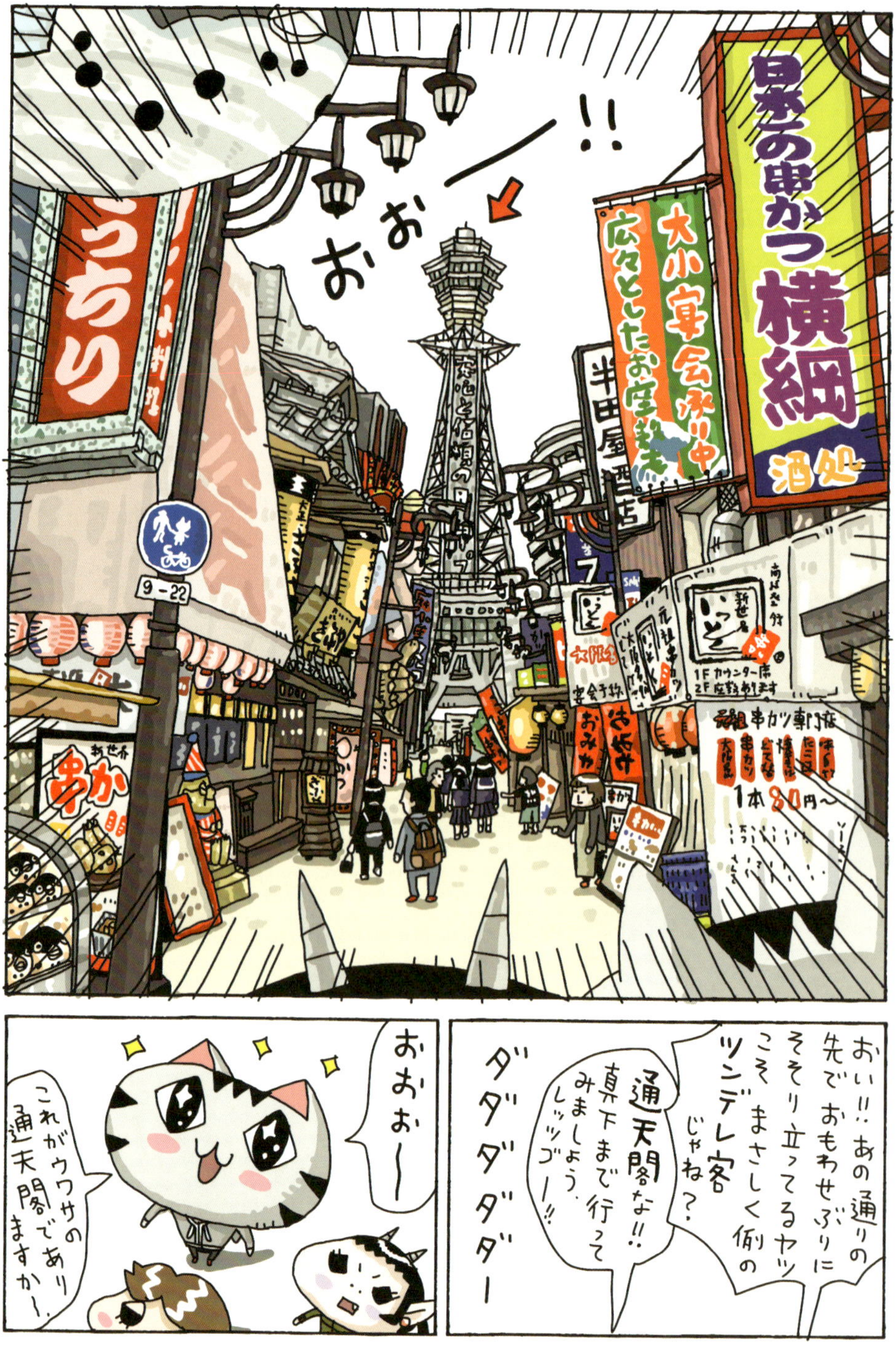
おお――!!
日本一の串かつ 横綱
酒処
大小宴会承り中
広々としたお座敷
1F カウンター席
2F 座敷あります
串カツ専門店
1本80円〜
おい!!あの通りの先でおもわせぶりにそそり立ってるヤツこそまさしく例のツンデレ客じゃね？
通天閣な!!真下まで行ってみましょう、レッツゴー!!
ダダダダダー
おおお〜
これがウワサの通天閣でありますか〜

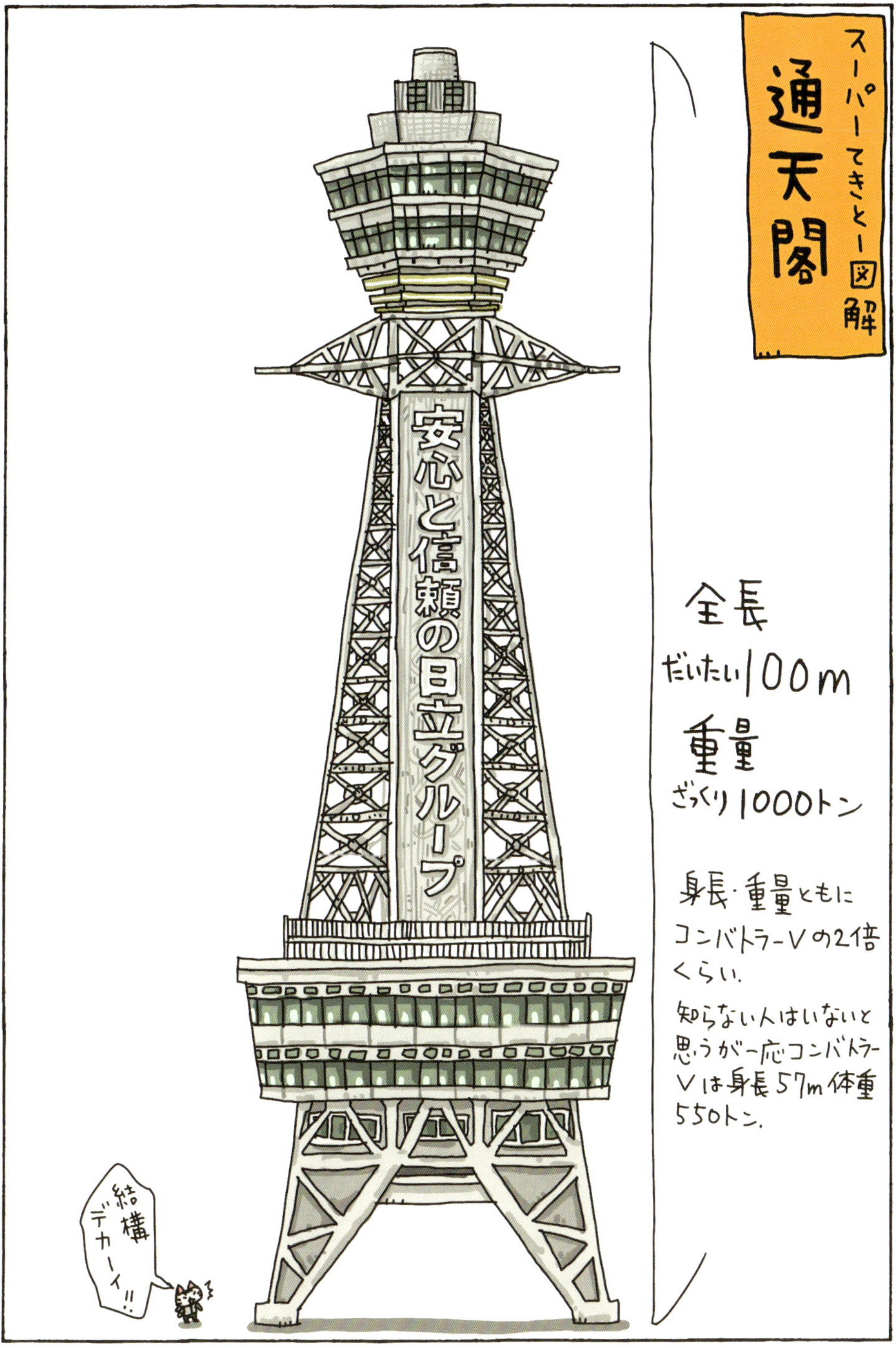
スーパーてきとー図解
通天閣
安心と信頼の日立グループ
全長
だいたい100m
重量
ざっくり1000トン
身長・重量ともにコンバトラーVの2倍くらい。
知らない人はいないと思うが一応コンバトラーVは身長57m体重550トン。
結構デカーイ!!

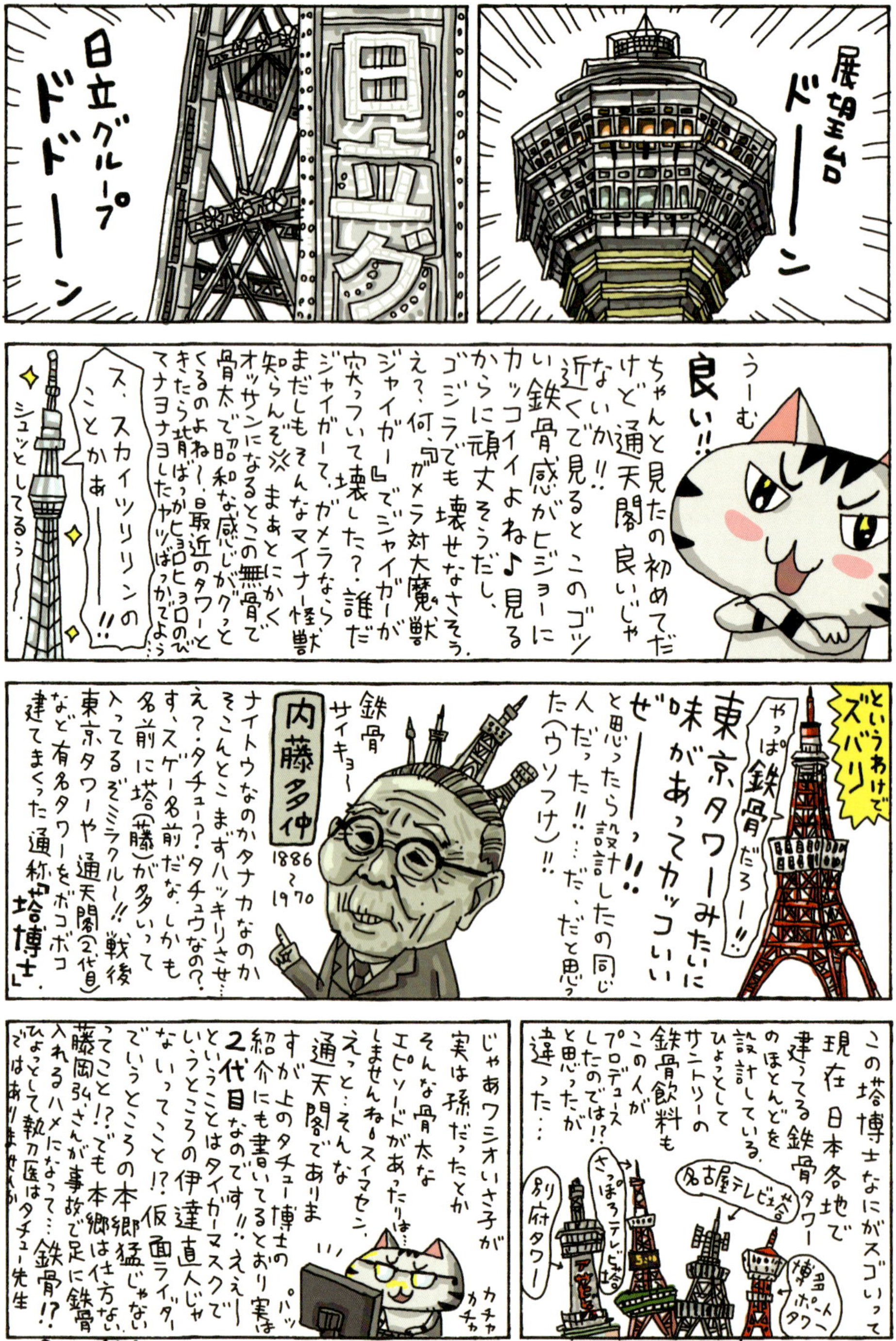
展望台
ドーーン
日立グループ
ドドーーン
うーむ
良い!!
ちゃんと見たの初めてだけど通天閣 良いじゃないか!! 近くで見るとこのゴツい鉄骨感がヒジョーにカッコイイよね♪見るからに頑丈そうだし、ゴジラでも壊せなさそう。
え?何、『ガメラ対大魔獣ジャイガー』でジャイガーが突っついて壊した?誰だジャイガーて。ガメラならまだしもそんなマイナー怪獣知らんぞ※ まあとにかくオッサンになるとこの無骨で骨太で昭和な感じがグッとくるのよね~。最近のタワーときたら背ばっかヒョロヒョロのびてナヨナヨしたヤツばっかでよう
ス、スカイツリリンのことかあーー!!
シュッとしてるぅ~
というわけでズバリ
やっぱ鉄骨だろー!!
東京タワーみたいに味があってカッコいいぜーーっ!!
と思ったら設計したの同じ人だった!!…だ、だと思った(ウソつけ)!!
鉄骨サイキョ~
内藤多仲
1886~1970
ナイトウなのかタナカなのかそこんとこまずハッキリさせ…え?タチュー?タチュウなの?す、スゲー名前だな。しかも名前に塔(藤)が多いって入ってるぞミラクル~!!戦後東京タワーや通天閣(2代目)など有名タワーをボコボコ建てまくった通称「塔博士」。
この塔博士なにがスゴいって現在日本各地で建ってる鉄骨タワーのほとんどを設計している。ひょっとしてサントリーの鉄骨飲料もこの人がプロデュースしたのでは!?と思ったが違った…
名古屋テレビ塔
さっぽろテレビ塔
別府タワー
博多ポートタワー
じゃあワシオいさ子が実は孫だったとかそんな骨太なエピソードがあったりは…しませんね。スイマセン。えっと…そんな通天閣でありますが上のタチュー博士の紹介にも書いてるとおり実は2代目なのです!!ええ~というとことはタイガーマスクでいうところの伊達直人じゃないってこと!?仮面ライダーでいうところの本郷猛じゃないってこと!?でも本郷は仕方ない。藤岡弘、さんが事故で足に鉄骨入れるハメになって…鉄骨!?ひょっとして執刀医はタチュー先生ではありませんか
パッ
カチャカチャ

…金ぞくパイプな.

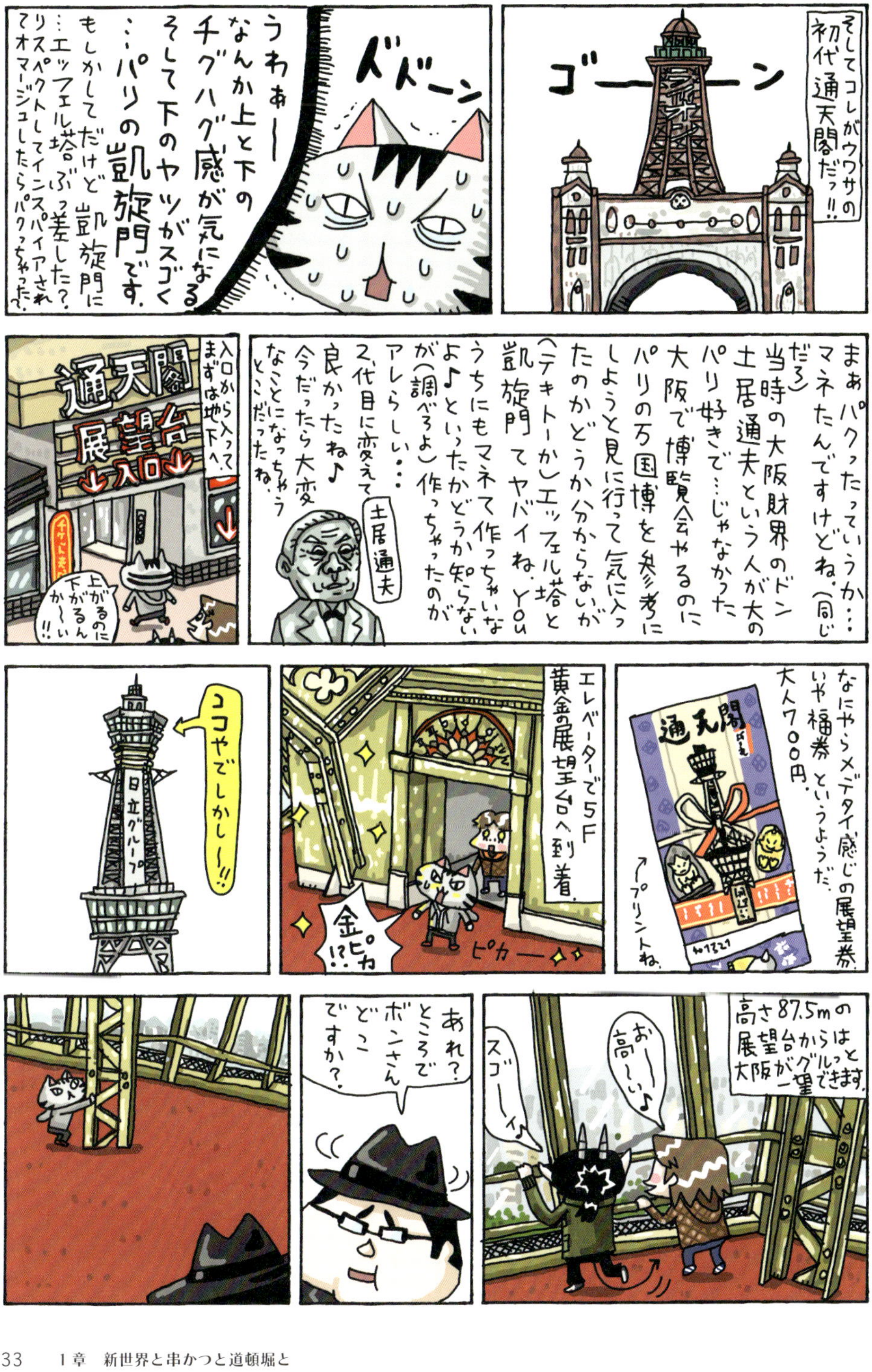
そしてコレがウワサの初代通天閣だっ!!
ゴーーーン
ドドーン
うわぁ〜
なんか上と下のチグハグ感が気になる
そして下のヤツがスゴく
…パリの凱旋門です。
…もしかしてだけど凱旋門にエッフェル塔ぶっ差した？
リスペクトしてインスパイアされてオマージュしたらパクっちゃった？
まぁパクったっていうか…マネたんですけどね。(同じだろ)
当時の大阪財界のドン土居通夫という人が大のパリ好きで…じゃなかった
大阪で博覧会やるのにパリの万国博を参考にしようと見に行って気に入ったのかどうか分からないが(テキトーか)エッフェル塔と凱旋門てヤバイね。YOU うちにもマネて作っちゃいなよ♪といったかどうか知らないが(調べろよ)作っちゃったのがアレらしい…
2代目に変えて良かったね♪
今だったら大変なことになっちゃうとこだったね。
土居通夫
入口から入ってまずは地下へ。
通天閣
展望台
入口
上がるのに下がるんかーい!!
なにやらメデタイ感じの展望券。
いや福券というようだ。
大人700円。
↗プリントね。
通天閣
エレベーターで5F
黄金の展望台へ到着。
金ピカ!?
ピカーー
ココやでしかし〜!!
日立グループ
高さ87.5mの展望台からは大阪がグルっと一望できます。
おー 高〜い♪
スゴーイ♪
あれ？ところでボンさんどこですか？

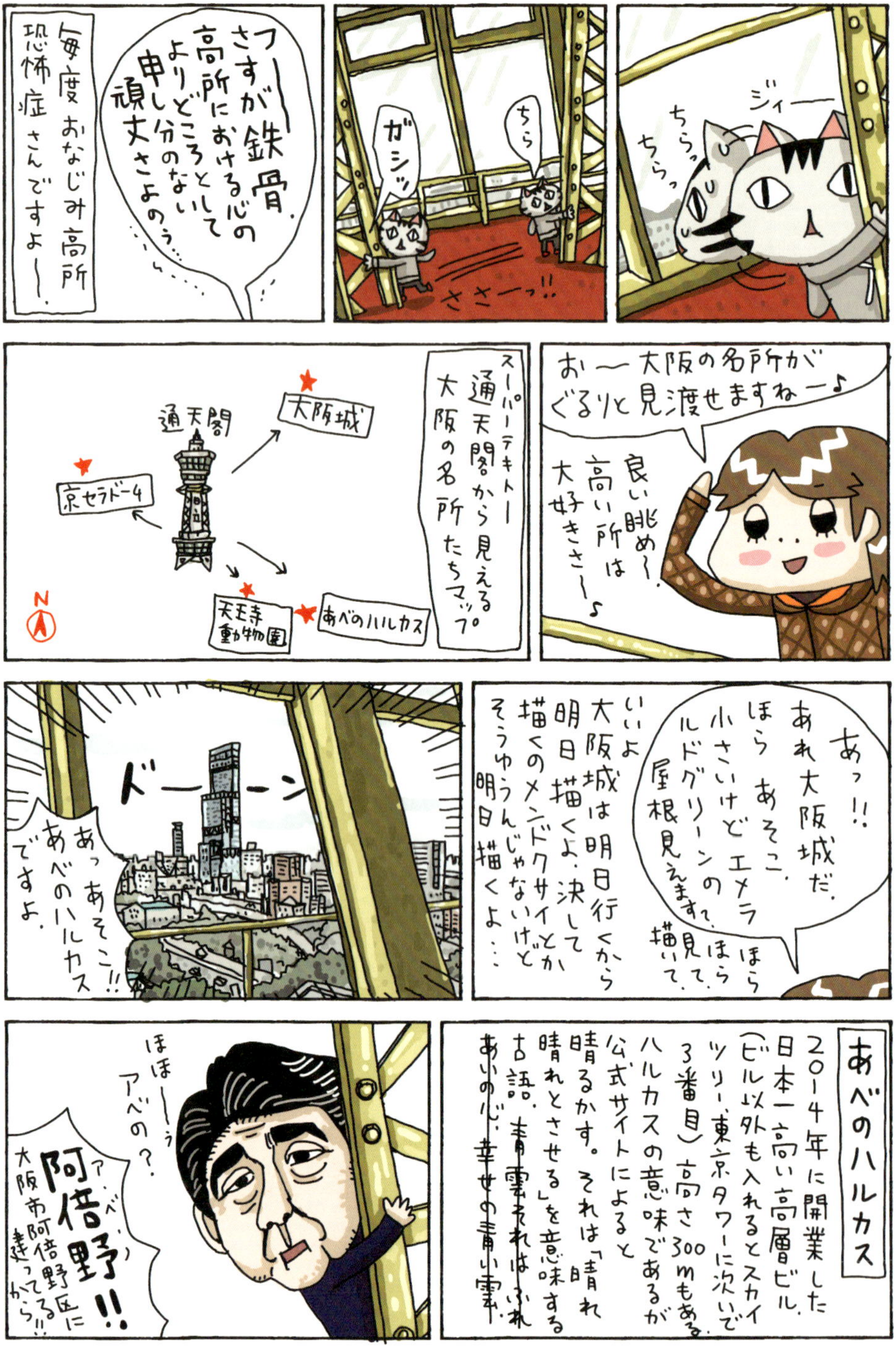

ジィーー
ちらっ ちらっ
ちら
ガシッ
ささーっ!!
フ〜 さすが鉄骨、高所における心のよりどころとして申し分のない頑丈さよのぅ……
毎度おなじみ高所恐怖症さんですよ〜。
お〜大阪の名所がぐるりと見渡せますね〜♪
良い眺め〜。高い所は大好きさ〜♪
スーパーテキトー通天閣から見える大阪の名所たちマップ
通天閣
大阪城
京セラドーム
天王寺動物園
あべのハルカス
N
あっ!! あれ大阪城だ。ほら あそこ。小さいけどエメラルドグリーンの屋根見えますって。ほら ほら 見て、描いて、
いいよ 大阪城は明日行くから明日描くよ。決して描くのメンドクサイとかそうゆうんじゃないけど明日描くよ……
ドーーン
あっ あそこ!! あべのハルカスですよ。
あべのハルカス
2014年に開業した日本一高い高層ビル。(ビル以外も入れるとスカイツリー、東京タワーに次いで3番目)高さ300mもある。ハルカスの意味であるが公式サイトによると「晴るかす。」それは「晴れ晴れとさせる」を意味する古語。青雲それはふれあいの心、幸せの青い雲。
ほほ〜〜う アベの？
阿倍野《アベノ》!!
大阪市阿倍野区に建ってるから!!

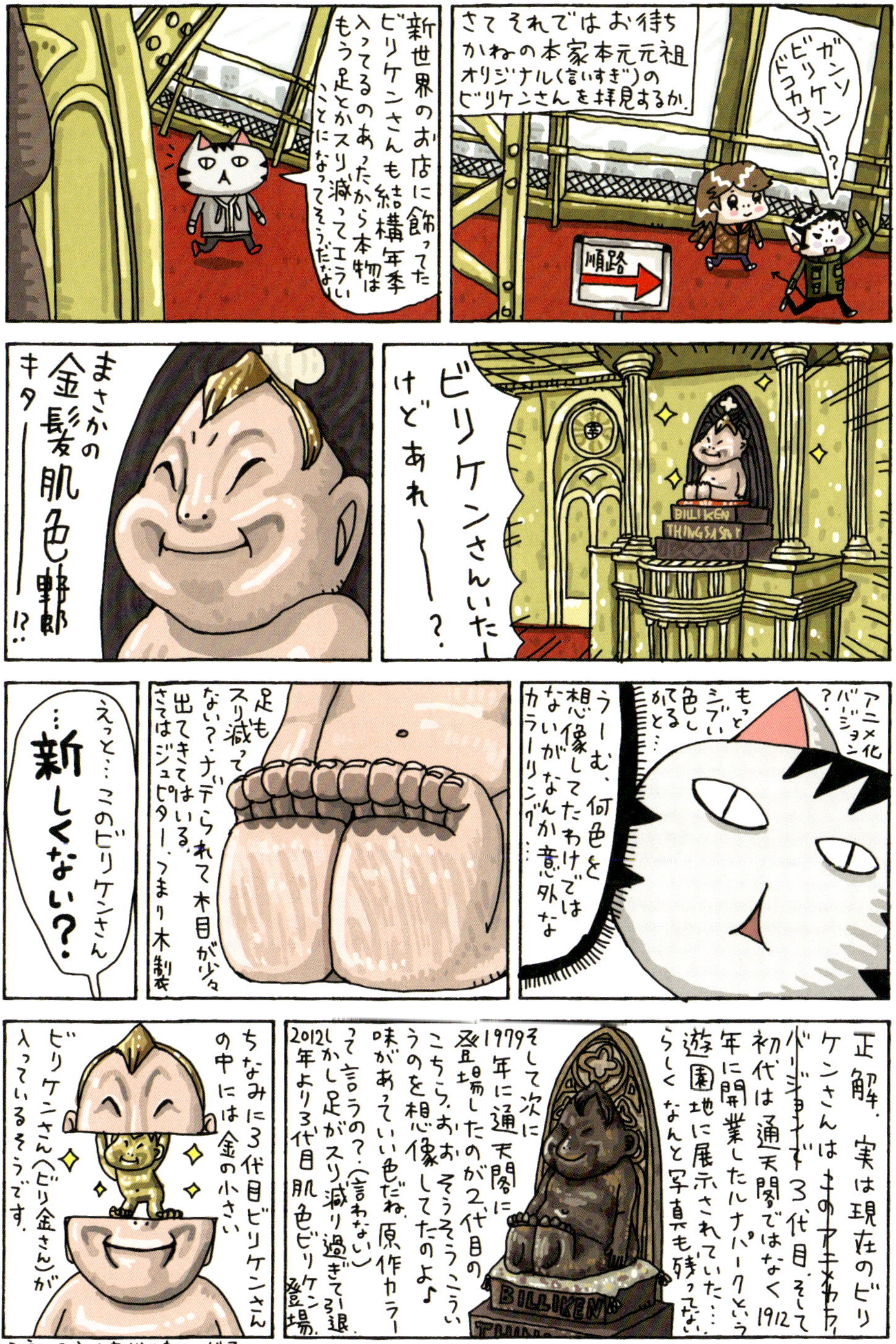
さてそれではお待ちかねの本家本元元祖オリジナル(言いすぎ)のビリケンさんを拝見するか。
ガンソビリケンドコカナ～？
順路
新世界のお店に飾ってたビリケンさんも結構年季入ってるのあったから本物はもう足とかスリ減ってエラいことになってそうだなぁ
ビリケンさんいたーけどあれ～～？
BILLIKEN
まさかの金髪肌色野郎キターーー!?!!
アニメ化バージョン？
もっとシブい色してるかと…
う～む、何色と想像してたわけではないがなんか意外なカラーリング…
足もスリ減ってない？ナデられて木目が少々出てきてはいる。さてはジュピター、つまり木製
えっと…このビリケンさん…新しくない？
正解。実は現在のビリケンさんはまさかのアニメカラーバージョン3代目。そして初代は通天閣ではなく1912年に開業したルナパークという遊園地に展示されていた…らしくなんと写真も残ってない。
そして次に1979年に通天閣に登場したのが2代目のこちら。おおそうそうこういうのを想像してたのよ♪味があっていい色だね。原作カラーって言うの？(言わない)しかし足がスリ減り過ぎて引退。2012年より3代目肌色ビリケン登場。
BILLIKEN
ちなみに3代目ビリケンさんの中には金の小さいビリケンさん(ビリ金さん)が入っているそうです。
こういう入り方じゃないだろ…

さて新世界の次はいよいよ道頓堀へ行ってみたいと思います…が
あ～これはもしかしての～…
新世界から道頓堀へは地下鉄で行けますけど…あ～
何だよ!? 大阪といったら道頓堀だろ？早く行こーぜ♪
道頓堀
そうです大阪といったら道頓堀です。新世界と並んで大阪を代表する超有名観光スポット!! 本場のたこ焼きを食べながらグリコの巨大看板の前で記念撮影して有名なくいだおれ人形（太郎）にも会える街。よーしハリきって散策するぞー♥
SUPER DRY
Asahi
Glico
グリコ
CHINTAI
株式会社日本リード
「難波CITY」「難波PARKS」徒歩
ザァ——
ザー

ザーザァー
ザバー
ビチャビチャビチャ
ザザー
くいだおれ太郎
ザァーザザー
…な
なんでやねん!!
こっちのセリフだわ!!
これぞ大阪って場所に来たとたん雨降り出すってどーゆーことだよ.
大阪紹介するのにこのグリコの看板風景は必須だろ.
なのに何だこの暗さ大阪なのに暗い寒い冷たいってどゆことーーーん!!
やね
お客様の中に雨男はいらっしゃいませんか!?
お前だよ
うーんできれば外歩いて巨大看板巡りとかしたかったんですけどねー…
…こうなったらアレしかないな…
ゴゴゴゴゴ
大阪名物を食べて食べて食べまくる
大阪くいだおれチャレンジー!!
食べて食べて食べまくるぞオーーー!!
外がダメなら中や.道頓堀はウマイもんぎょうさんあるで.全部くわせたるからついて来てや♪
誰!?
ザバダーー
カサなんてさすヒマないで一店から店へ味の道頓堀クルーズやーーー♪
だから誰ーーー!?

たこ焼き
まずはもちろんたこ焼きから!!
本場大阪のたこ焼きは外はしっかり中がトロトロ熱々♪
あっタコだけ出ちゃったって…
タコでかっ!?
うちの近所のスーパーのたこ焼きの5倍はある。
金龍ラーメン
そしてラーメンもあるよ～トンコツ系
ニラ
キムチ
キムチやニラやニンニク入れ放題よー。意外とアッサリスープで飲みやすい。
麺は細麺ストレート。飲んだ後のシメにもいいね。ツルツルいけちゃうね。
たこ焼き②
そしてまさかのたこ焼き再び!!
大阪は有名店いっぱいあるから食べ比べしないともったいないさー。
この店はカツオブシ細かいな。
この店はハシ使うのね。どれどれ…
フニョー
柔らかっ!!
これはツマヨウジじゃムリだね。フワトロクリーミィーこれまた美味い。
ホルモン焼き
コリコリクニクニの歯ごたえがいいね。
味つけ濃い目だからおつまみにいいね。
かすうどん
かす
ゴマ
ネギ
とろろコンブ
お、おうラーメンに続いてうどん来ましたか…
かすとは天かすじゃなくてホルモンを油で揚げた"油かす"のことですってよ。

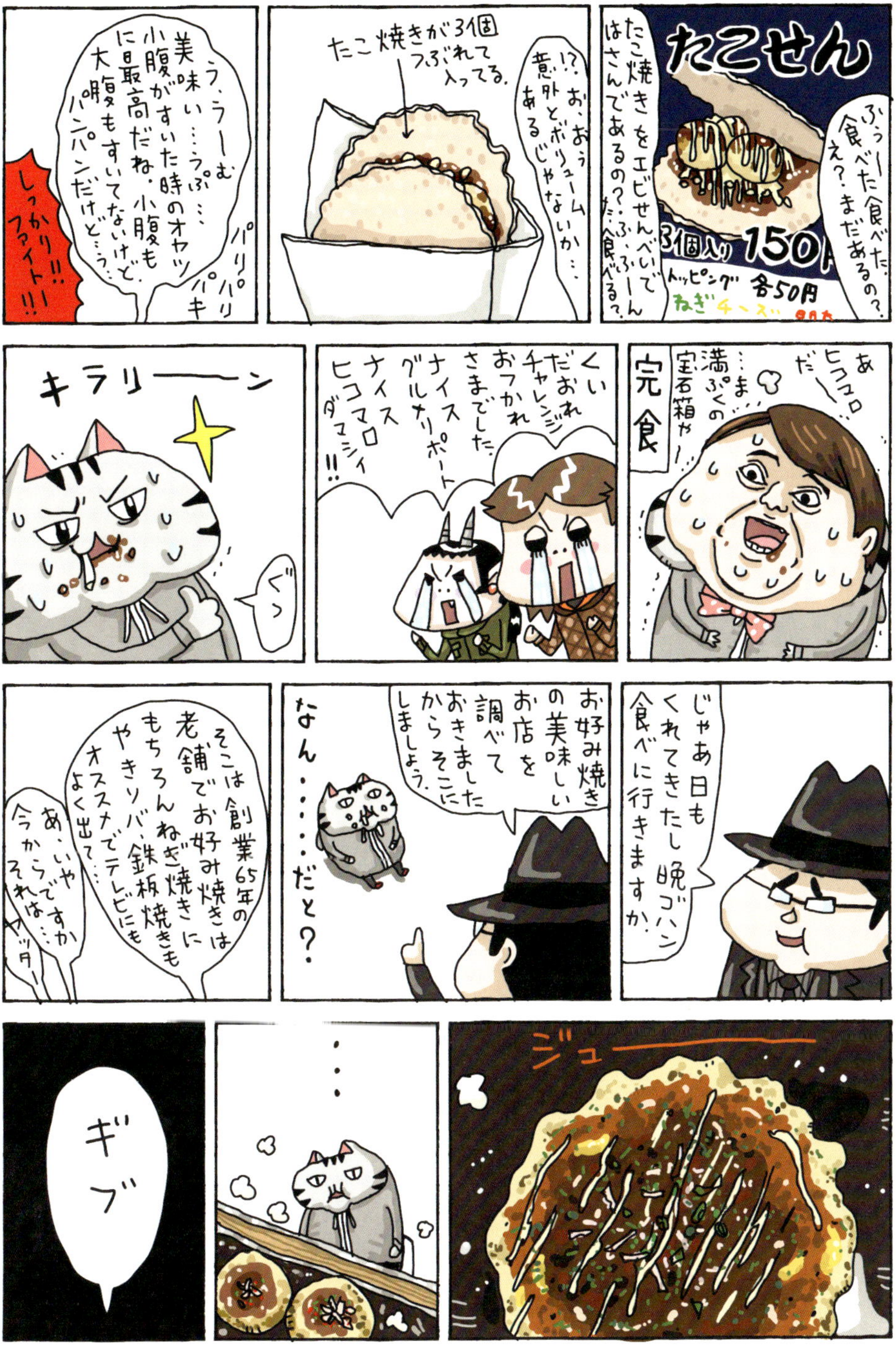
たこせん
3個入り 150円
トッピング 各50円
ねぎ チーズ 明太
たこ焼きをエビせんべいではさんであるの?ふ、ふーん食べる?
ふぅ〜食べた食べた。え?まだあるの?
!? お、おぅ意外とボリュームあるじゃないか…
たこ焼きが3個つぶれて入ってる。
う、うーむ美味い…うぷ…小腹がすいた時のオヤツに最高だね。小腹も大腹もすいてないけど。パンパンだけど…う…
パリパリパキ
しっかり!!ファイト!!
あ、ヒコマロだ〜
…ま、満ぷくの宝石箱や〜
完食
くぃだおれチャレンジおつかれさまでした。ナイスグルメリポートナイスヒコマロダマシィ!!
キラリーーーン
ぐっ
じゃあ日もくれてきたし晩ゴハン食べに行きますか!
お好み焼きの美味しいお店を調べておきましたからそこにしましょう。
なん……だと?
そこは創業65年の老舗でお好み焼きはもちろんねぎ焼きに焼きソバ、鉄板焼きもオススメでテレビにもよく出て…
あ、いや今からですかそれは…
ヤッタ
ジューーー
…
ギブ

The Photo Gallery

大阪と言えば食い倒れ！とにかくいっぱい食べてみた。もちろん、くいだおれ太郎さんにもご挨拶しましたよ。

スマートボールは想像以上に難しくて、なぜか一人だけ上手い人に教えを請うてるの図。

新世界へは動物装飾が素敵な「動物園前駅」から。通天閣からは真下に動物達もハッキリ見えるし、行きたくなるよね。時間足りず断念したけど。

通天閣とド派手な看板達がまとめてドーンと見えるこの角で、みんな一気にテンションが上がったよ！

ご利益あるように、足の裏をなでなで〜。でもビリケンさんてアメリカの人が夢で見た神様なんだって。…なんか色々謎だね。

雨はテンション下がりがちだけど、法善寺横丁の石畳なんかは、ちょっと素敵でした。傘を差してウロウロしながら、満腹の夜はふけていくのです…。

天ぷらと大阪城と商店街と

2章

取材2日目朝
おっ晴れた。
おはようございまーす。ボンさんよく眠れました？
いやお腹が苦しくてちょっとうなされたよね。お好み焼きに押しつぶされる夢見ちゃったよね。
…でも雨やんで良かったですね♪
でもお昼すぎからまた降り出すみたいですよ。
ええ〜〜
じゃあ雨が降り出す前に朝食食べに行きましょうか。ボンさんリクエストありますか？
粉ものは遠慮してアッサリしたものをお願いします!!
きのう食べ過ぎた人。
ハイ
ズーン
ワタシニオマカセクダサイ。
カネコさんに連れられなにやらレトロでいい感じのお店に到着。
ここは…喫茶店かい？
フフフチガイマス。ココハ…
ジュンキッサデス!!
純喫茶
お酒などを出さない純粋な喫茶店。こだわりのマスターがこだわりのコーヒーをこだわりの内装のお店で出す昭和の香りのする喫茶。ド派手でコテコテなお店が並ぶイメージのある大阪ですがレトロモダンでおしゃれな純喫茶のお店が大阪には結構あるのです。
コーヒーアクマイスター
カネコの純喫茶探訪
第1回
ハイオハヨーゴザイマス。コンカイカラハジマリマシタジュンキッサタンボウ。キネンスベキ1カイメノオミセハマルフクデス。コレゾジュンキッサ。テンナイハショウワノフンイキマンサイデス。

どれ
見せてもらおうか
純喫茶のコーヒーの
実力とやらを!!
ゴクリ
ピカー
苦い!?
そしてメチャ
濃いーー!!
たしかに
東京のコーヒーより
濃いかも。
フフフ
お子様にはちょっと早い
これは大人のコーヒーですね。
このしっかりとした苦みと
コク、香りも申し分なし
ですよ。
ブラックモイイデスガ
コノコイメノコーヒーニ
ミルクヲイレルコトデ
ニガミヲオサエ
ノウコウデマロヤカナ
アジワイヲタンノウ
スルコトモデキマスネ。
モーニングメニューはカリートースト、
コーヒーとセットで
630円。
チーズ
カレー
これ
アッサリしたもの
じゃないよね…
上に乗ってるカレーは
コーヒーを使ってコクを出し
ているらしい。
クンクン
ザクザク
トローーリ
スパイシーで
香り豊かな
カレートースト。
美味っ
良いカレー
使ってるね
マスター。

…で本日の予定はどうなっておるのかなSUZUしくん？ 雨降るからホテルに戻ってゴロゴロするかい？
ゴロゴロするわけないでしょが！
えっと昨日は新世界と道頓堀という大阪人気の街を散策したので今日は体験モノと歴史モノで攻めてみたいと思います。
ボンさん食品サンプルって知ってますか？ 飲食店の店頭とかに置かれてたりするヤツ。
知ってる。
あれは苦みがクセになるよねー。沖縄料理屋に行ったら絶対注文するもん。
それゴーヤチャンプルーな。大阪だからってムリやりボケなくていいですから。でね、この近くにその食品サンプル作りの体験をさせてくれるお店があるんですよ。なのでまずはそこに行きましょー♪
じゃあオレあれ作りたい!! ナポリタンのフォークが浮いてるヤツ。
うーん、それは初心者には作れないんじゃないかなあ…体験メニューにもなかったし。
なんだよ。じゃああれか？ たこ焼きか？
テンプラー!!
天ぷらの食品サンプルを作ってみたいと思います～。
天ぷらって大阪っぽさのカケラもねえな。
マアナ。

そしてその後は本日のメインイベント。大阪といえばあのお城へ行かねばならないでしょう。
そうです。大阪のお城その名も大阪城ー!!
そのまんまかい!!って
どこのお城もそのまんまだよ。紹介の仕方がオカシイよ…
どうです大阪城、いいでしょうって。これは大阪にしかないですよ〜!!
大阪っぽいですよ〜!!
そりゃそうだろ。まあ天ぷら作りよりは大阪っぽいけど。お城ね〜ふーん。
どうです ボンさん。ワクワクしてきませんか。特に男子ならば戦国の世の象徴でロマンのあり天下の…
いや別に。
SMITH
本日のメニュー
食品サンプル作り
大阪城見学
天神橋筋商店街で大阪のオバちゃん探し。
東京へ帰る。
よーし じゃあ雨が降り出す前にホテルに戻ってチェックアウトしてから食品サンプルのお店までダッシュだ!!
よーし 雨雲より速く移動開始よ!!
ってもう降ってるし!!
なんでやねーん
丸福珈琲店
ザーーー

SAMPLE GALLERY
キーホルダー
ストラップ・マグネット
ココでーす。よーし作るぞぉ!!
こんにちはー。では今から天ぷらのサンプル作りをやってもらいますねー。
見本
内容は天ぷらが5種類とレタスを1個作っていただくようになります。熱い材料を使いますのでね。気をつけてやりましょう。
それでは皆さんエプロンをつけて来て下さーい。
ハーイ
よーし やってやるぜーー!!
こちらが材料になります。緑と白と黄色が溶かしたロウです。これが天ぷらの衣とレタスになります。
水
ロウ
水
ではエビ天から。これが芯になります。
プラスチックのエビ、ック?
衣は黄色を使います。このジョウロみたいので すくって…
ヌカプ
水の上に広げるようにたらして下さい。
ジョボボボ
ピト
そしたら真ん中にエビを乗せて…
水の中に沈めながらエビを包んで下さい。
ゴポゴポ

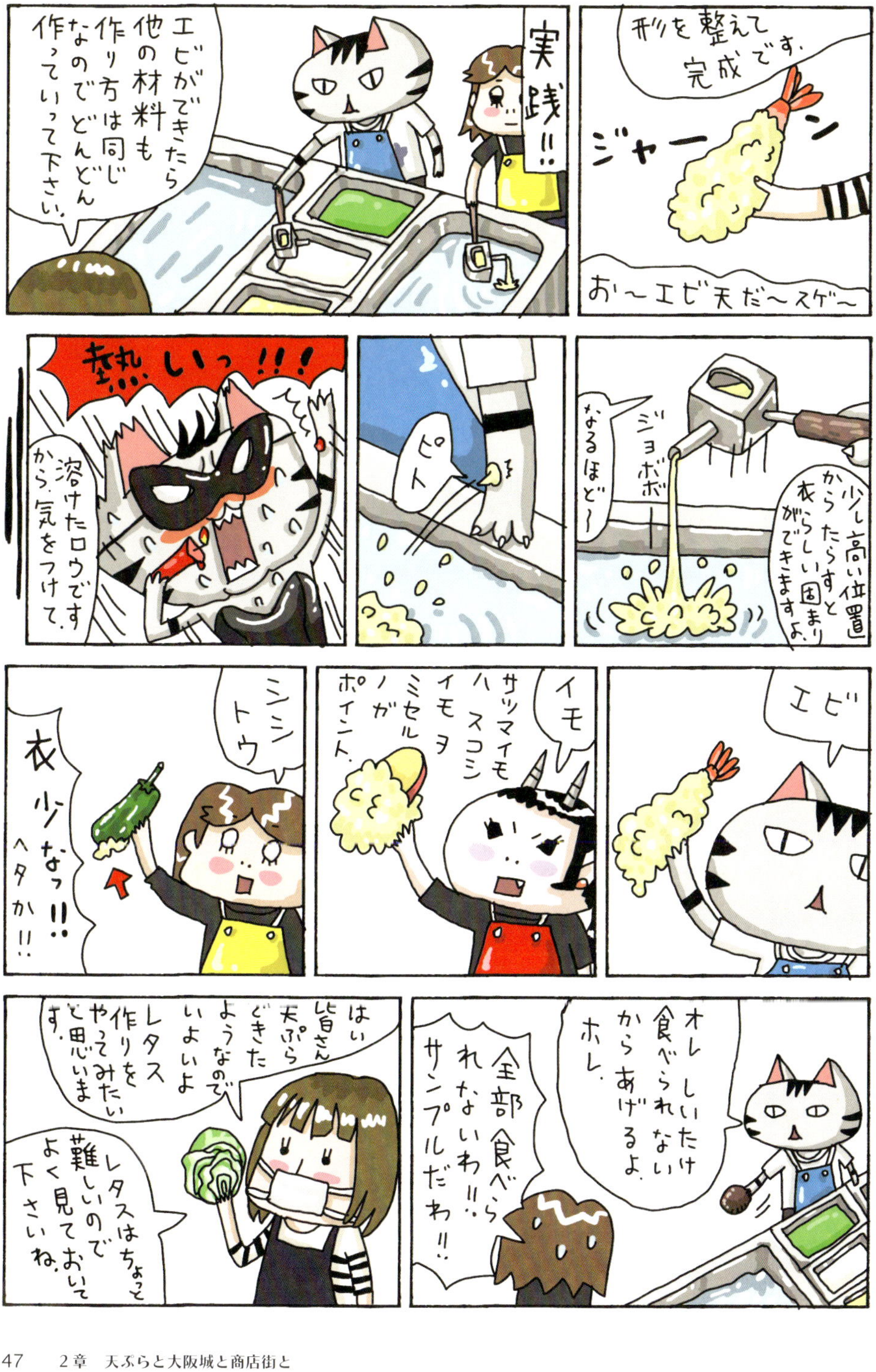

形を整えて完成です。
ジャーン
お〜エビ天だ〜スゲ〜
実践!!
エビができたら他の材料も作り方は同じなのでどんどん作っていって下さい。
少し高い位置からたらすと衣らしい固まりができますよ。
ジョボボー
なるほど〜
ピトッ
熱いっ!!!
溶けたロウですから気をつけて。
エビ
イモ
サツマイモハスコシイモヲミセルノがポイント。
シシトウ
衣少なっ!!
ヘタか!!
オレしいたけ食べられないからあげるよ。ホレ。
全部食べられないわ!!
サンプルだわ!!
はい皆さん天ぷらできたようなのでいよいよレタス作りをやってみたいと思います。
レタスはちょっと難しいのでよく見ておいて下さいね。

ではまず白のロウをオタマですくって水の上にたらして下さい。少したて長になるように。
これがレタスの芯の部分になりますからね。
次に白の回りを囲むように緑のロウをたらします。
スゥ〜
そしたら素早く端をつかんで・・・
む?
ビローーン!!
引っぱる!!
おおー!?
後は水中でクルクルクルっと丸めて・・・
最後は包丁(本物)で切って完成です。
ザク!!
ジャジャーン
うおーレタスだ スゲー!!
このレタスは天ぷらより難易度高し。
ビローン
モタモタするとのびない。
でもクシャクシャに丸めて切ってみるとそれなりにレタスに見える不思議。
それなりに完成

大差なし!!
…ま、まあまあかな。
初めてにしては頑張ったかな。
甲乙つけがたい凡庸なる出来ばえですね…
ウム
だがしかし
フゥ〜〜やっと完成しましたよ。
キラーーン
ガビーーン
めちゃ美味しそうじゃねえか!!
す、スゴいじゃないですかサイトウさん…
そうですかね?うんまあ参考までに言っておくと美味しい天ぷらにおけるタネと衣の割合はエビの場合で
片づけまーす。
作ったサンプルは容器に詰めて持って帰ります。
アーアアー
むう、レタスの厚みでフタが閉まらな…
エビヌケタ!!
ダセぇ
フハハハハそれは出来の悪い証拠ですよ。ヤレヤレ(笑)
ぐい!
バキベキ!!
バッキリ
レタスわれたーー!!
あーー

大阪城
イェーーィ 雨やんだー。レタス丸めてる間に雨やんだよーー♪
ヤンダーヤンダーアメヤンダー
というわけで我々は今大阪城に来ております!! O・S・A・K・A・J・O・イェーィ。それではさっそく城に攻め込んでみたいと思います～!!
何そのテンション…
しかしあれですね。
大阪城意外と地味ですね。あと小さいなぁ…
それ大阪城じゃねぇから!! いや大阪城の一部だけど天守閣じゃないからね!! それ見張りとかに使われた櫓(やぐら)だから!!
し、知ってたし!! ボケてみただけだし!!
大阪城っていったら日本の城100選に入るくらい有名だし。多分…
ハハハ
そりゃ入るよ。100じゃなくてもっと絞っても入るよ♪
何そのマグロは日本人の好きな寿司ネタベスト50に入ってます!! みたいなダメ雑学
では入城～♪ いきなり石垣がデカい。他の石とのバランスを考えろと言いたいくらいデカい。
石でか!!
そして門が厚い
門の厚みがスゲぇ!!
こりゃあ少々ノックしたくらいじゃ家主は出て来ねぇぞ。人との接触を断ってひきこもるには最高だけどAmazonの荷物来た時気づけないと困るかなぁ
ひきこもり目線で城を分析するのヤメて。

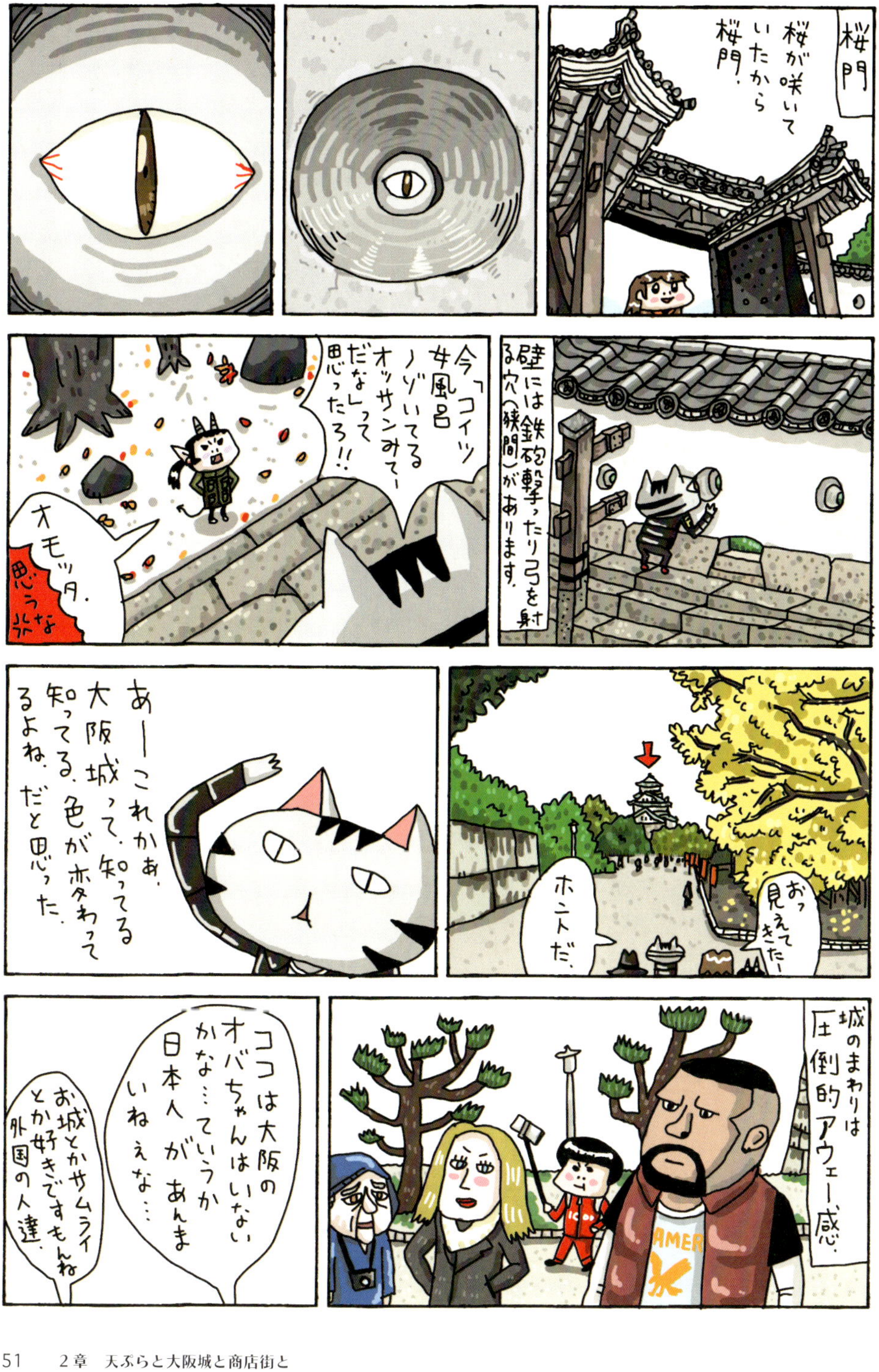

桜門
桜が咲いていたから桜門。
壁には鉄砲撃ったり弓を射る穴（狭間）があります。
今「コイツ女風呂ノゾいてるオッサンみて～だな」って思ったろ!!
オモッタ。
思うな
おっ見えてきた～
ホントだ。
あーこれかぁ。大阪城って。知ってる知ってる色が変わってるよね。だと思った。
城のまわりは圧倒的アウェー感。
AMER
ココは大阪のオバちゃんはいないかな…ていうか日本人があんまいねぇな…
お城とかサムライとか好きですもんね外国の人達。

売店で変わったたこ焼き売ってましたよ。どうです？
塩ガーリック
明太子マヨネーズ
ソース
おろしポン酢
名物
うめえ
特に明太子マヨがうめえ♪
ええ──明太子マヨネーズに塩ガーリックですかァ？
やっぱりたこ焼きはソースでしょ。
デショ。
見上げ──る
天守閣下に到着
SMIT

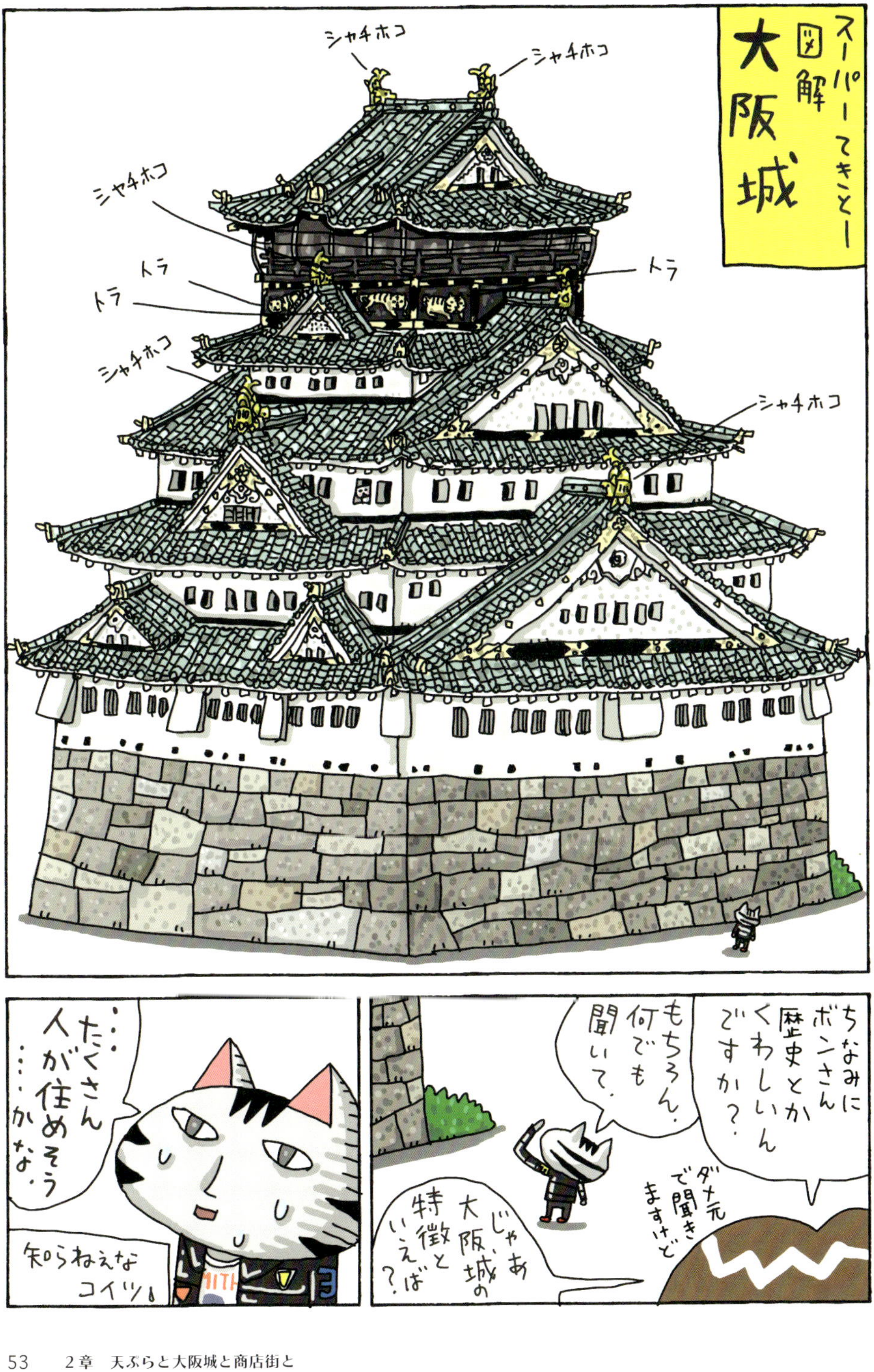
スーパーてきとー図解
大阪城
シャチホコ
シャチホコ
シャチホコ
トラ
トラ
トラ
シャチホコ
シャチホコ
ちなみにボンさん歴史とかくわしいんですか?
もちろん.何でも聞いて.
ダメ元で聞きますけど
じゃあ大阪城の特徴といえば?
…たくさん人が住めそう…かな.
知らねえなコイツ。

さすがに大阪城を建てた人は知ってますよね？
もちろん…大
大工じゃねえよ？・そういうこと聞いてないから。
え！マジで知らないんですか？？ホントに？？
オレ高校世界史だったから。
小学校で習うから!! 豊臣秀吉は
小学生でも知ってるから
ビクッ
あっ秀吉ね。なんだそっちか! そっち系ならそっち系って言ってくれないと、てっきりあっち系かと思ったよ…
知ってた知ってた
マジカ
あわわ……さすがに秀吉自体は知っていますよね？
バカにしてんのか!!
豊臣秀吉。通称「サル」
そうそう♪
織田信長のゾウリを温めてあげたことで気に入られサルからヒトへどんどん出世していった逸話はあまりにも有名。
猿じゃん!! 通称とかじゃなくてそのものじゃん。
信長の死後ゴルファーに転身したサルはつむじ風舞うティーグラウンドで影のプロゴルファー達と天下統一をかけて壮絶な死闘をくりひろげる。
違うサルになってるから!! プロゴルファーサルになってるから!!
得意技はこの豊臣の旗にボールを当ててカップに落とす旗つつみ!!
それ真田幸村の旗ですよ。
サナダユキムラ？
ミスターメの部下かなにかですか？
真田幸村も有名な武将だぞ!!

ズラー
でもなんで
秀吉の城なのに真田ナントカの旗が立ってんの？
来年(2016)の大河は真田丸だから舞台となった大阪城に真田家の旗を立てて宣伝してるんですよ。
来年のタイガースはサナダマルがいるから阪神の優勝はまちがいないですよ？
歴史に疎いのでこう聞こえる。
現役メジャーリーガー
SANA・DAMARU
電撃移籍!!
デイリー
真田幸村
戦国時代の人気武将。大坂の陣において豊臣方として徳川家康に果敢に挑んだヒーロー的活躍によりみんなの人気者。赤くてイケメン。詳しくは真田丸をご覧下さい。
なんかこんなのがゲームに出てたのは知ってる。
イケメーン
来年はきっと真田丸で盛り上がるでしょうからこの本も来年出せたらブームに乗っかって売れたりしないかな～って期待してるんですけどね♪
出なかったね。全然真田丸放映中に完成しなかったね※
あれ？今は2015年なのに2017年の声が聞こえるよ。オカシイなあ…

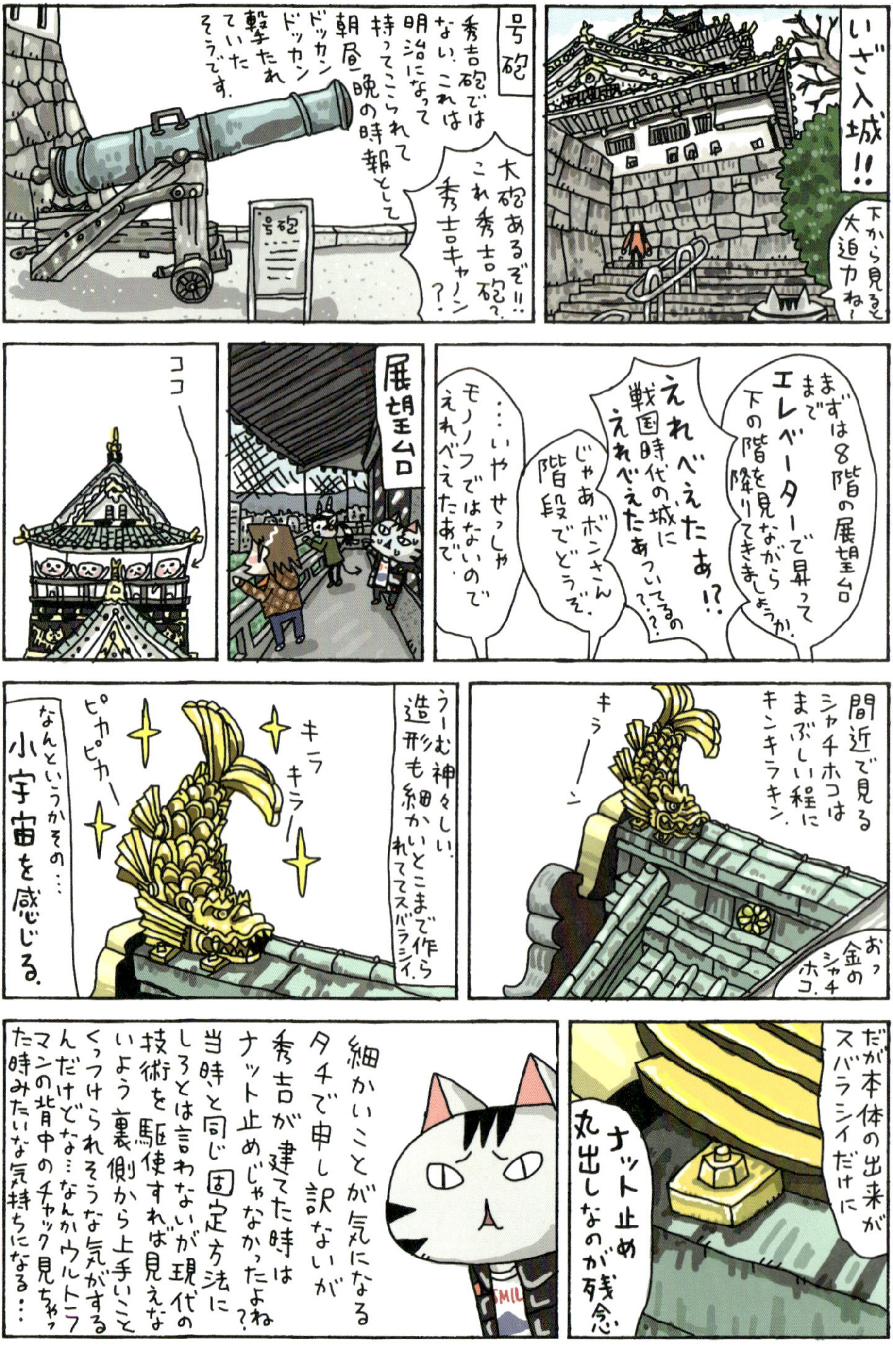
いざ入城!!
下から見ると大迫力ね〜
号砲
秀吉砲ではない。これは明治になって持ってこられて朝昼晩の時報としてドッカンドッカン撃たれていたそうです。
大砲あるぞ!! これ秀吉砲? 秀吉キャノン?
号砲
まずは8階の展望台までエレベーターで昇って下の階を見ながら降りてきましょうか。
えれべえたあ!? 戦国時代の城にえれべえたあっついてるの??
じゃあボンさん階段でどうぞ。
…いやせっしゃモノノフではないのでえれべえたあで。
展望台
ココ
間近で見るシャチホコはまぶしい程にキンキラキン。
キラーン
おっ金のシャチホコ。
うーむ神々しい。造形も細かいとこまで作られててスバラシイ。
キラキラー
ピカピカー
なんというかその…小宇宙を感じる。
だが本体の出来がスバラシイだけにナット止め丸出しなのが残念
細かいことが気になるタチで申し訳ないが秀吉が建てた時はナット止めじゃなかったよね? 当時と同じ固定方法にしろとは言わないが現代の技術を駆使すれば見えないよう裏側から上手いことくっつけられそうな気がするんだけどな…なんかウルトラマンの背中のチャック見ちゃった時みたいな気持ちになる…

まあそんなこと言い出したらエレベーターやら階段やら城の内部は現代感満載だけどな.
この辺とかそれっぽく頑張ってる感はある.
小学校みてーだな.
床もワックスでピカピカ仕上げ♪まあ人が入って見学できるようにするには安全基準とか色々大変なんだろうけど.
だがしかし!! 最新技術が故にブラボーな展示もある!!
からくり太閤記
このからくり太閤記は各場面が1分程度で順次上映されて
こちらからご覧
からくり人形劇かな?
からくりっていうからてっきりガタガタした人形劇かと思いきや…
どれどれ
パッ!!
ヴォーーン
ん〜絵にしづらい何ていうか立体感のある映像なの!! 思ってたより全然スゴかった、それはまさにかの有名な…
オ…オ…オチャナリキテレ
ガタガタガタ
ピチャピチャピチャー
思ってたカラクリ感
コロスケそんなガタガタしてないよー!!
3Dホログラム(立体映像)!!
ピカー
テーレー♪テレレレーーレ♪テレレレーレー
それはステキな未来のテクノロジー
ヴブブヴ
オビワンタイヘンデス ボースベイダーガカイテハイケナイモノバカリカキヤガルノデス.
ヴーーン
おおースゲー!! なにこの透けてて飛び出すようでいて昔話な雰囲気!!
シュコー
全然伝わらない. スゴさが伝わらないよ. そんなだからダークサイドに堕ちるんだよ.
コホーシュコー
ミマフ

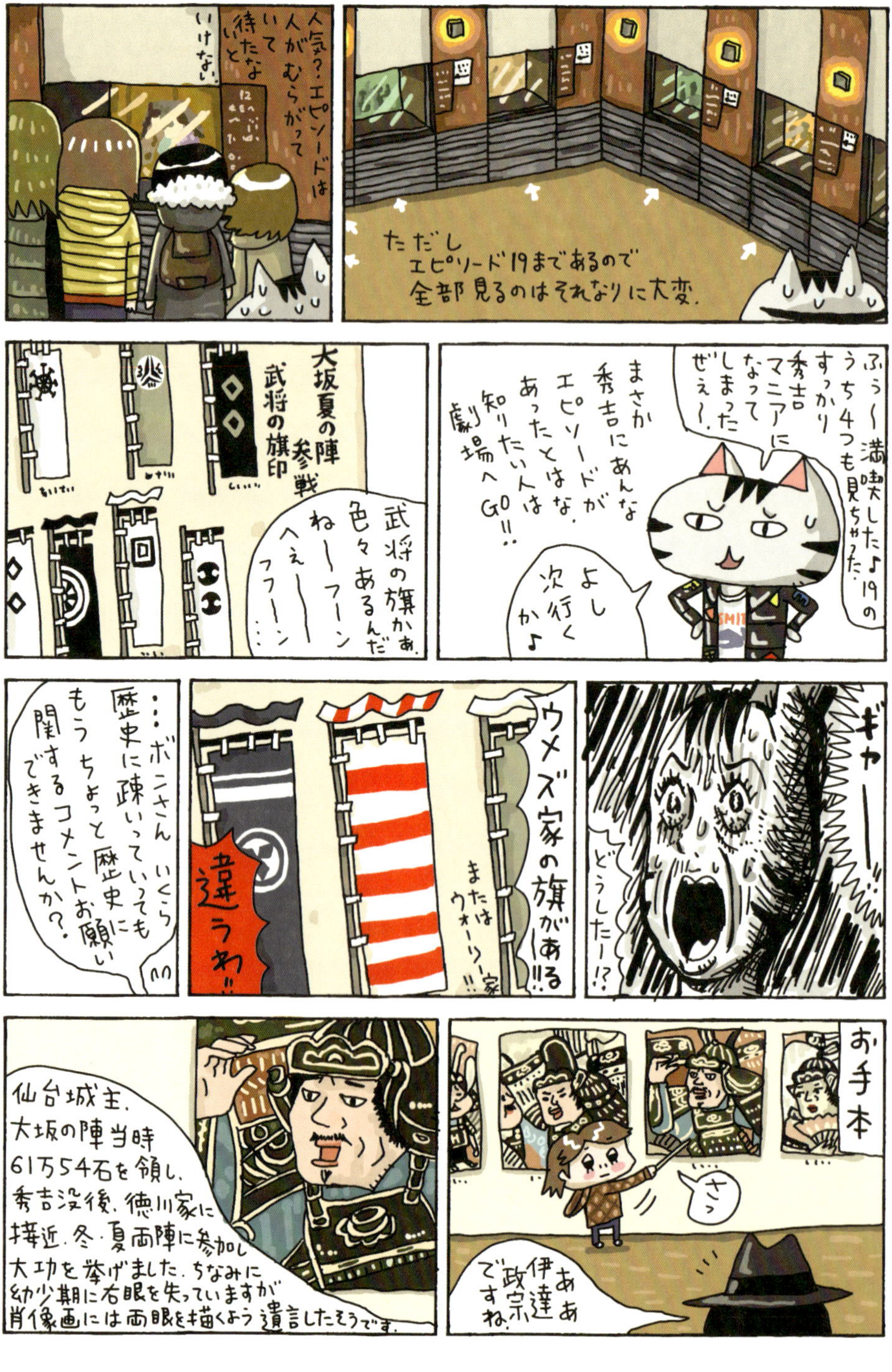
ただし
エピソード19まであるので
全部見るのはそれなりに大変。
人気?エピソードは人がむらがっていて待たないといけない。
ふぅ〜満喫した♪19のうち4つも見ちゃった。すっかり秀吉マニアになってしまったぜぇ〜。
まさか秀吉にあんなエピソードがあったとはな。知りたい人は劇場へGO!!
よし次行くか♪
大坂夏の陣参戦武将の旗印
武将の旗かぁ。色々あるんだねー
フーン
へぇ〜
フフ〜ン…
ギャー!!
どうしたー!?
ウメズ家の旗がある!!
またはウォーリー家!!
違うわ!!
…ボニさんいくら歴史に疎いっていってももうちょっと歴史に関するコメントお願いできませんか?
お手本
さっ
ああ伊達政宗ですね。
仙台城主。大坂の陣当時61万54石を領し、秀吉没後、徳川家に接近。冬・夏両陣に参加し大功を挙げました。ちなみに幼少期に右眼を失っていますが肖像画には両眼を描くよう遺言したそうです。

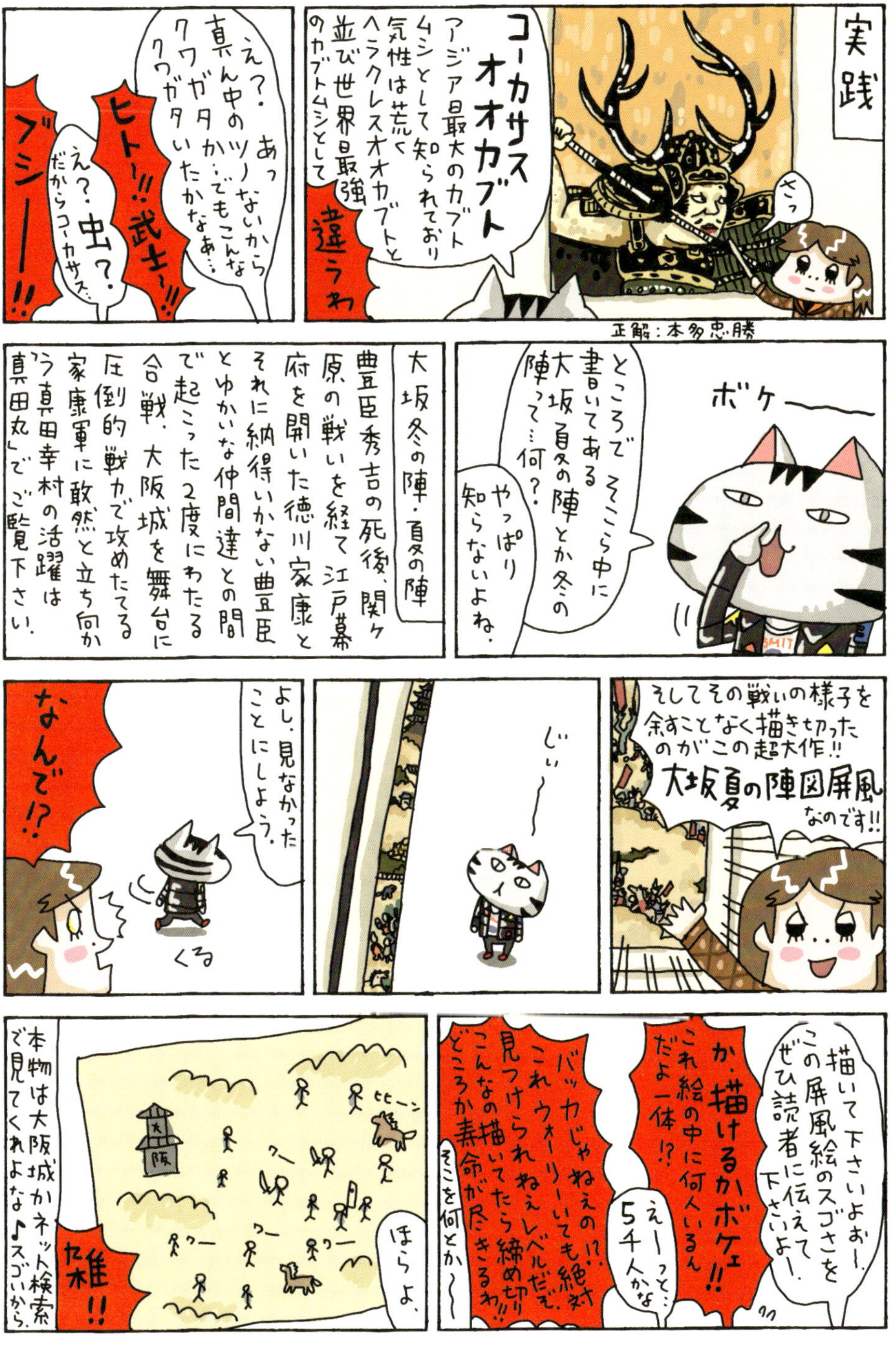

実践
さっ
コーカサスオオカブト
アジア最大のカブトムシとして知られており気性は荒くヘラクレスオオカブトと並び世界最強のカブトムシとして
違うわ
正解：本多忠勝
え？・あっ 真ん中のツノないから クワガタか…でもこんな クワガタいたかなあ…
ヒト～!! 武士～!!
え？虫？ だからコーカサス…
ブシーー!!
ボケ〜〜
ところでそこら中に書いてある大坂夏の陣とか冬の陣って…何？
やっぱり知らないよね。
大坂冬の陣・夏の陣
豊臣秀吉の死後、関ヶ原の戦いを経て江戸幕府を開いた徳川家康とそれに納得いかない豊臣とゆかいな仲間達との間で起こった2度にわたる合戦。大阪城を舞台に圧倒的戦力で攻めたてる家康軍に敢然と立ち向かう真田幸村の活躍は「真田丸」でご覧下さい。
そしてその戦いの様子を余すことなく描き切ったのがこの超大作!!
大坂夏の陣図屏風
なのです!!
じぃ〜〜
よし、見なかったことにしよう。
くる
なんで!?
描いて下さいよお〜、この屏風絵のスゴさをぜひ読者に伝えて下さいよ〜。
か・描けるかボケェ!!
これ絵の中に何人いるんだよ一体!?
えーっと…5千人かな
バッカじゃねえの!? これウォーリーいても絶対見つけられねえレベルだぞ。こんなの描いてたら締め切りどころか寿命が尽きるわ!!
そこを何とか〜
ほらよ、
ヒヒーン
大阪
雑!!
本物は大阪城かネット検索で見てくれよな♪スゴいから。

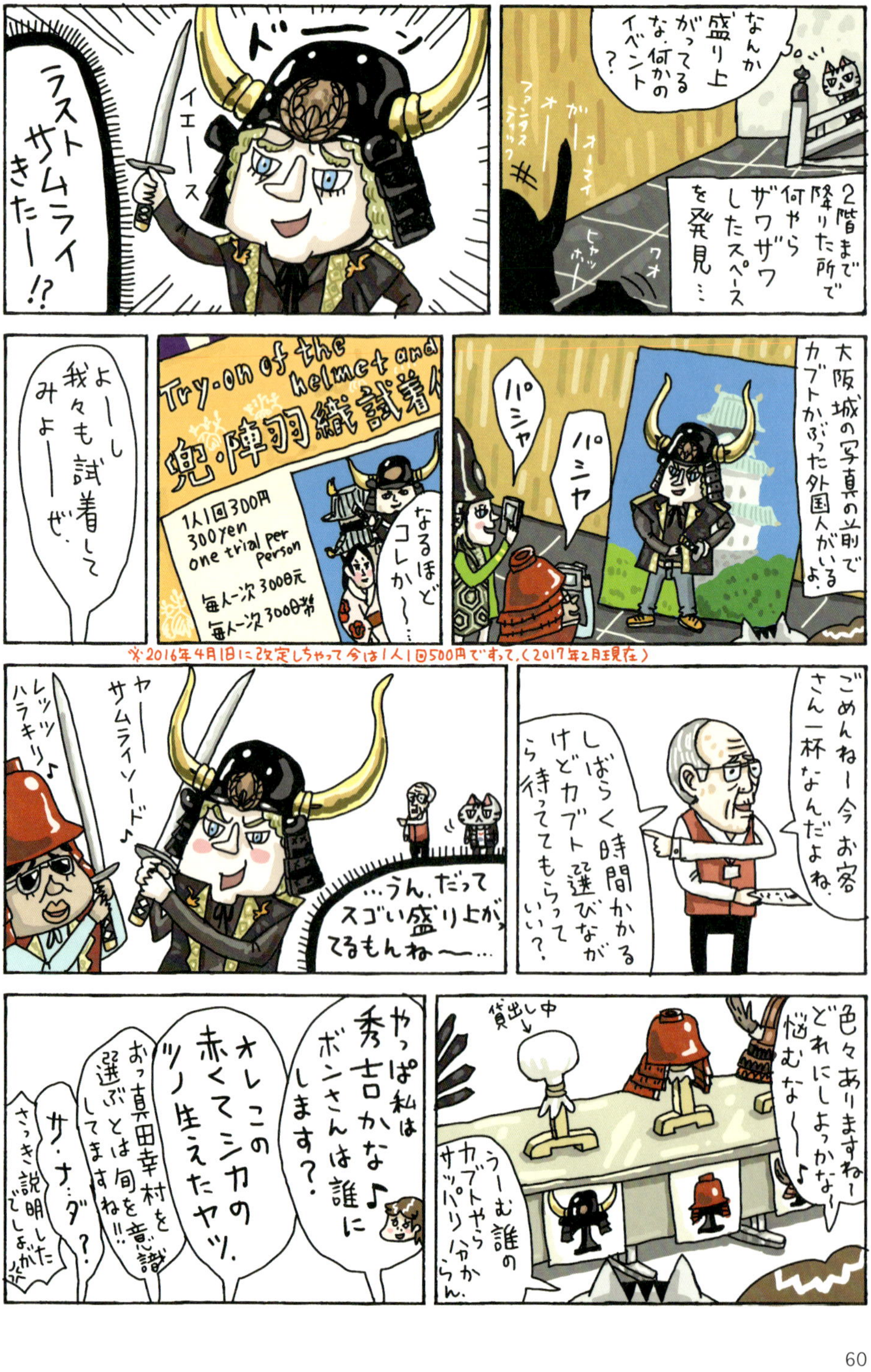
2階まで降りた所で何やらザワザワしたスペースを発見…
なんか盛り上がってるな。何かのイベント？
ファンタスティック
オーマイガー
オー
ヒャッホー
ワオ
ドーーン
イエーース
ラストサムライきたー!?
大阪城の写真の前でカブトかぶった外国人がいるよ。
パシャ
パシャ
Try-on of the helmet and
兜・陣羽織試着体
1人1回300円
300yen one trial per person
毎人一次300日元
毎人一次300日幣
なるほどコレか～…
よーし我々も試着してみよーーぜ。
※2016年4月1日に改定しちゃって今は1人1回500円ですって。（2017年2月現在）
ごめんねー今お客さん一杯なんだよね。
しばらく時間かかるけどカブトで遊びながら待っててもらっていい？
ヤーサムライソード♪
レッツハラキリ♪
…うん。だってスゴい盛り上がってるもんね～…
色々ありますねーどれにしようかな～悩むな～♪
貸出し中
うーむ誰のカブトやらサッパリ分からん。
やっぱ私は秀吉かな♪ボンさんは誰にします？
オレこの赤くてシカのツノ生えたヤツ。
おっ真田幸村を選ぶとは旬を意識してますね!!
サ・ナ・ダ？
さっき説明したでしょうが…

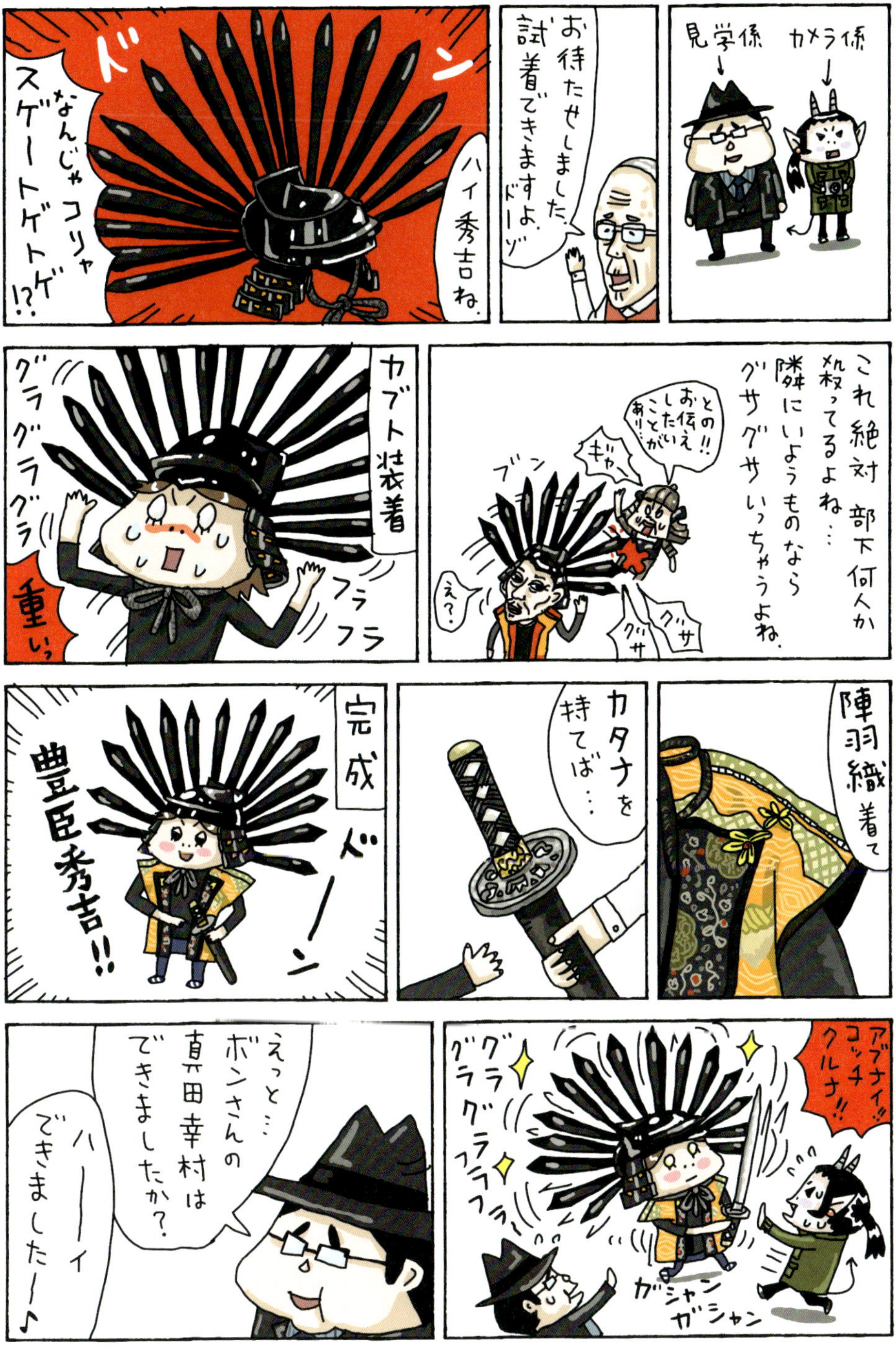
見学係
カメラ係
お待たせしました。試着できますよ。
ドーゾ
ハイ秀吉ね。
ドーン
なんじゃコリャ
スゲートゲトゲ!?
これ絶対部下何人か殺ってるよね…
隣にいようものならグサグサいっちゃうよね。
との お伝えしたいことがあり!!
ギャー
ブン
え？
グサ
グサ
カブト装着
グラグラグラグラ
フラフラ
重いっ
陣羽織着て
カタナを持てば…
完成
豊臣秀吉!!
ドーン
アブナイ!! コッチクルナ!!
グラグラ
グラフラフラ
ガシャン
ガシャン
えっと… ボンさんの真田幸村はできましたか？
ハーイ できました～♪

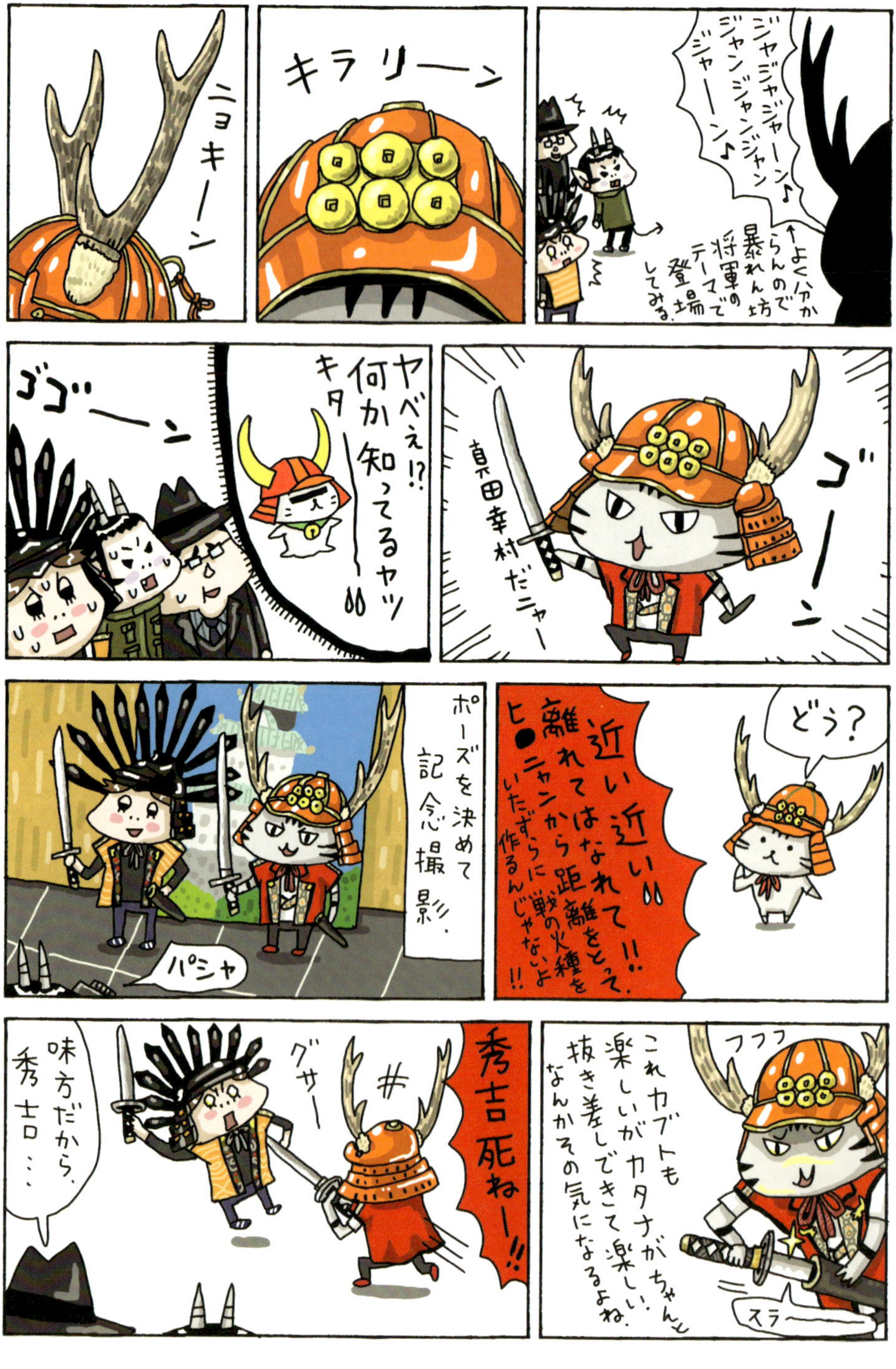
ジャジャジャジャーン♪
ジャンジャンジャンジャン
ジャーーーン♪
↑よく分からんので暴れん坊将軍のテーマで登場してみる。
キラリーーン
ニョキーーン
ゴーーン
真田幸村だニャー
ヤベぇ!? 何か知ってるヤツキターーー
ゴゴーーン
どう？
近い近い!!
離れてはなれて!!
ヒ●ニャンから距離をとって
いたずらに戦の火種を作るんじゃないよ!!
ポーズを決めて記念撮影ミ
パシャ
フフフ
これカブトも楽しいがカタナがちゃんと抜き差しできて楽しい。
なんかその気になるよね。
スラーー
秀吉死ねー!!
グサー
#
味方だから、秀吉…

カブト描いてたら興味わいて色々調べた結果 みんな自己主張がスゲー
モード別 ステキカブトベストセレクション
何かしら受信してるに違いない系
トウドウタカトラ
横幅ハミ出るわ賞受賞カブト。長い。いくらなんでも長過ぎる。そしてヒデヨシ同様振り向き厳禁系。
味方を殺《ヤ》る気満々系
ヒデヨシ
上司にかぶって欲しくないカブトベスト1（ボンボヤ調べ）こんなのかぶってウロウロされたら部下は危なくって仕事にならない。
時代を先取りウサ耳系
アケチミツハル
歴史に興味はないがこのウサ耳カブトがどういった変遷を経て現代のバニーガールのつけ耳、また派生モデルとしてのアキバのネコ耳へと進化していったのかが気になる。
ファ〜っとしてる系
シンゲン
よーしよしよしよし♡
レンポーの白い悪魔系
世紀末覇王系
当たらなければどうということはない系
フォースの暗黒面系
ライダーがミカンて（涙）系
ゆるキャラ系
うーむ 時代を超えてヒーローはカブトをかぶっているようだ。こんなにいるとは意外。

ブロロロー
タクシーは楽チンだな〜〜♪
さて大阪城も見たし後は商店街で何をするんでしたっけ?
トラやヒョウをまとったコテコテのオバちゃんを探す。
ソノオバチャンニバーンテヤッテヤラレタ〜ッテヤッテモラウ♪
そうですね〜。バーンをやるかどうかは別として見てみたいよね〜 トラ柄着たオバちゃん。全身ヒョウ柄コーディネートのオバちゃん。
タノシミダナ〜
商店街でやる事
うわ〜〜やられた〜〜
パシャ
バン
ちなみにこれから行く商店街はオバちゃん以外にも有名なお店や食べ物が…
オバちゃんがいればそれでいい。
ブォーーーン
天神橋筋商店街
日本一長いアーケードを持つ商店街。日本一派手なトラを着たオバちゃんがいるかどうかは定かでない。だが日本一アーケードが長いということはそれだけオバちゃんが詰まっていると考えられるので期待は高まるばかりである♪

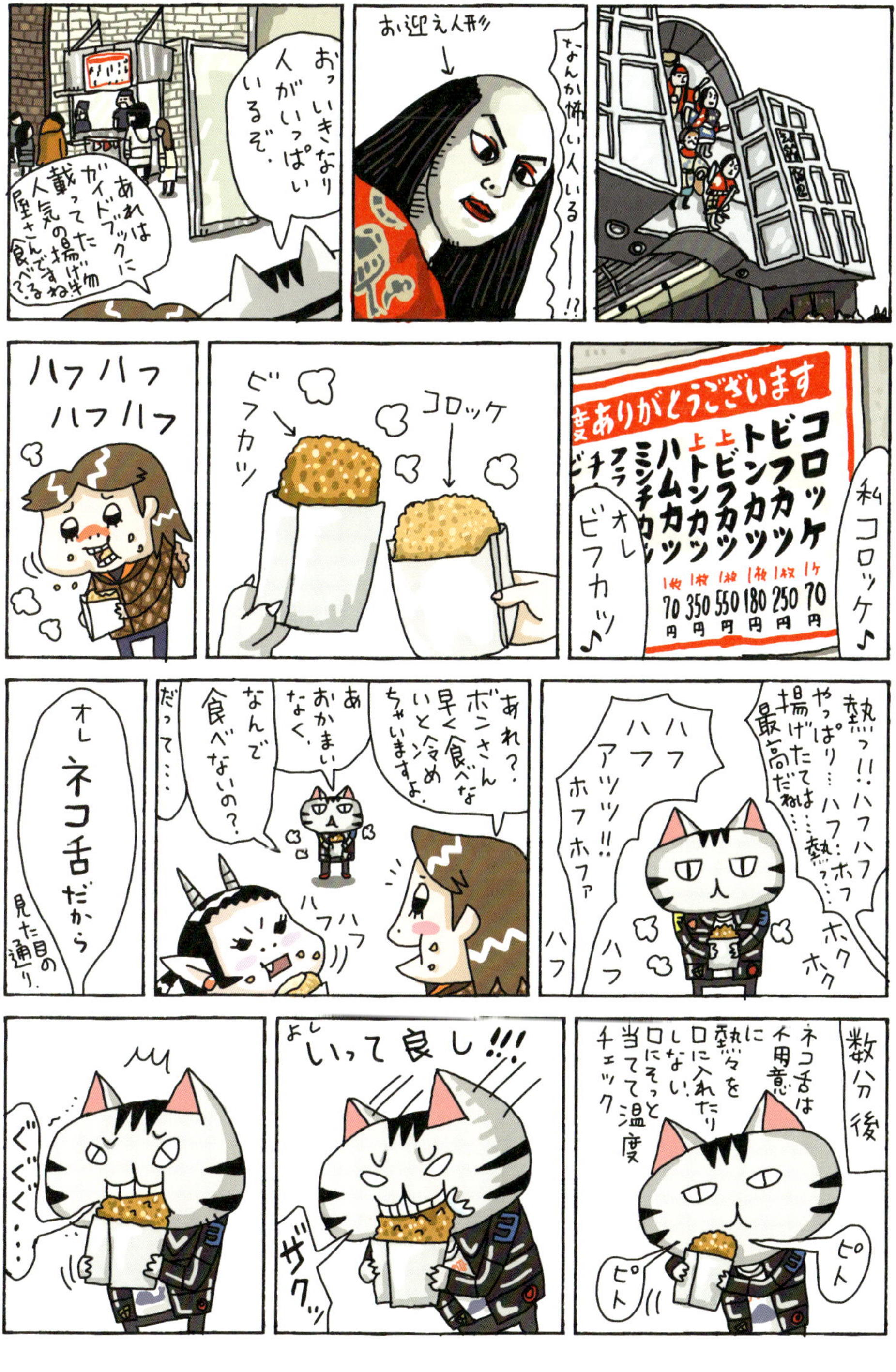
お迎え人形
なんか怖い人いる――!?
おっいきなり人がいっぱいいるぞ.
あれはガイドブックに載ってた人気の揚げ物屋さんです 食べてみるね
度ありがとうございます
コロッケ 1ケ 70円
ビフカツ 1枚 250円
トンカツ 1枚 180円
上ビフカツ 1枚 550円
上トンカツ 1枚 350円
ハムカツ 1枚 70円
ミンチカツ
フライ
私コロッケ♪
オレビフカッツ♪
コロッケ
ビフカツ
ハフハフ ハフハフ
熱っ!!ハフハフ やっぱり…ハフ…熱っ…ホフ 揚げたては…最高だね…
ホク ホク
ハフ ハフ アツッ!! ホフホファ
ハフ
ハフ
あれ?ボンさん早く食べないと冷めちゃいますよ.
あ おかまいなく.
なんで食べないの?
だって…
ハフ ハフ
オレ ネコ舌だから
見た目の通り.
数分後
ネコ舌は不用意に熱々を口に入れたりしない.口にそっと当てて温度チェック
ピト
ピト
よし いって良し!!!
ザクッ
ムム
ぐぐぐ…

ゴーーーン
…ビフが出た。
プラーーン
え〜‥
ズボッ
!?
ぐぐぐぐ〜
ミチミチミチミチ
ビフカツのビフ抜きだよ。
イランわ!!
コレ良かったら食べるっ？
ゴックン♪
ハグハグハグハグ
シーーーン
ボンさん何見てんですか？おソバ屋さん？食べたいの？
じぃ〜〜〜
フ〜 歩き疲れた。さすが日本一長いアーケードですね。お昼も兼ねてどこかお店に入りませんか？
ハァ
ハァ
オバチャンドコダー
いないな〜オバちゃん。
天神橋二丁目商店街
天ざるドーーーン
オレ天ざる!!
え〜〜？こんな寒いのに冷たいソバ食べるんですか？いいですけど…
ここがいい!!
ココにしようぜっ!!
おっ珍しく自分で決めた。

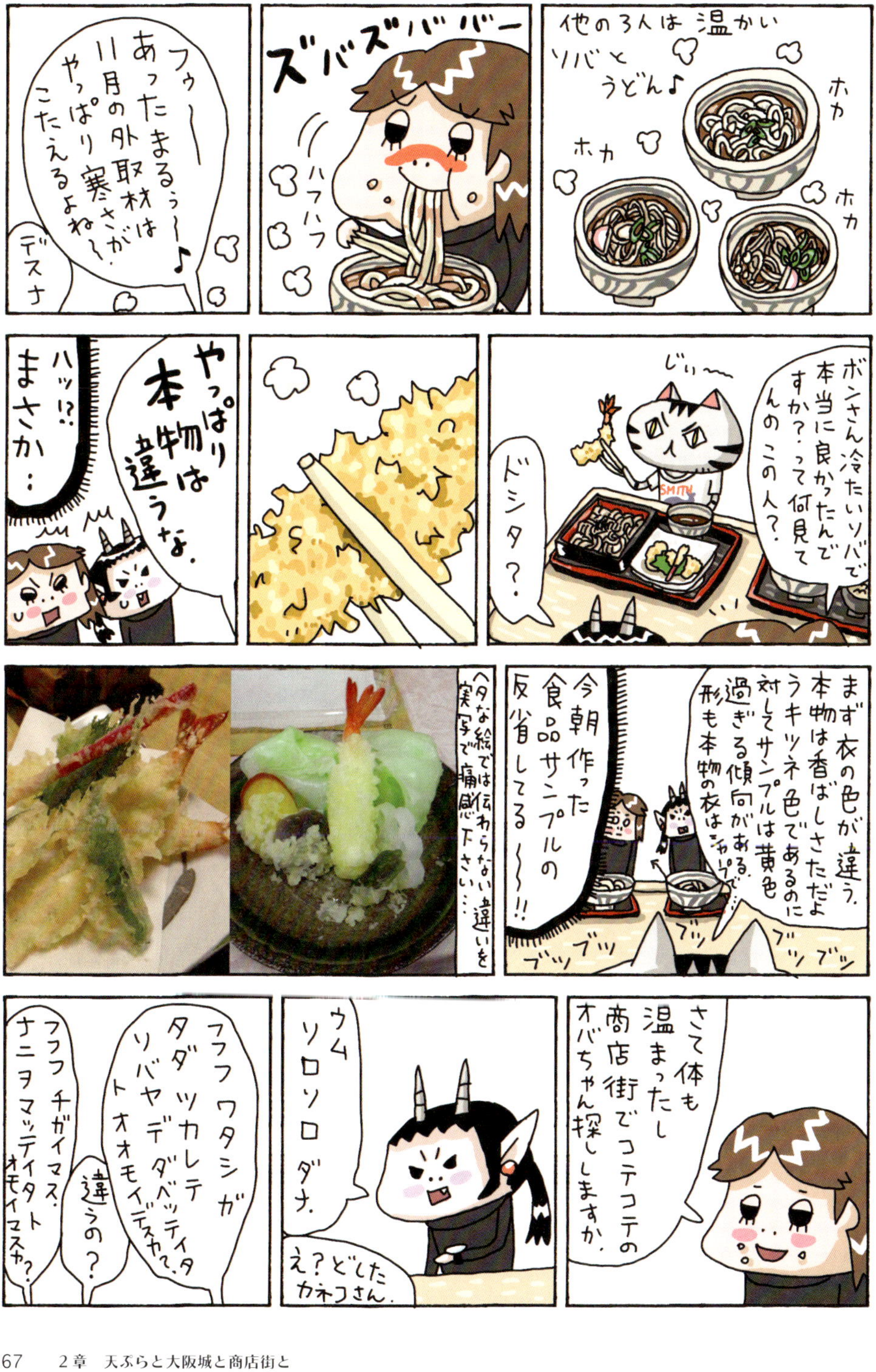

他の3人は温かいソバとうどん♪
ホカ
ホカ
ホカ
ズバズババー
ハフハフ
フゥ～～ あったまるぅ～～♪ 11月の外取材はやっぱり寒さがこたえるよね～
デスナ
ボンさん冷たいソバで本当に良かったんですか?って何見てんのこの人?
じぃ～～
ドシタ?
やっぱり本物は違うな.
ハッ!?.. まさか…
まず衣の色が違う. 本物は香ばしさただようキツネ色であるのに対してサンプルは黄色過ぎる傾向がある. 形も本物の衣はシャープで…
ブツブツ
ブツブツ
今朝作った食品サンプルの反省してる～～!!
ブツブツ
ヘタな絵では伝わらない違いを実写で痛感下さい…
さて体も温まったし商店街でコテコテのオバちゃん探ししますか.
ウム ソロソロダナ.
え?どしたカネコさん.
フフフワタシガタダツカレテソバヤデダベッテイタトオモイデスカ?
違うの?
フフフ チガイマス. ナニヲマッテイタトオモイマスカ?

体が温まるのを待っていた。
チガウ
疲れがとれるのを待っていた。
チガウ
運命の出会いを待っていた。
チガーウ!!
デハ
セイカイデス。
ワタクシ
カネコが
マッテイタ
ノハ…
ズバリ
ミヤネヤがオワルノヲマッテイタ!!
デシター。
な、なるほどー
主婦に絶大な人気を
誇るワイドショー「ミヤネ屋」
しかも地元関西ともなれば
放送中はテレビの前にオバちゃん
クギブけで外出なんてして
いないというわけか…
た。確かに〜!!じゃあ
番組終わった今頃は街に
オバちゃんがあふれかえって
いるに違いない。よしレッツ
ゴー
キャベツ焼
140えん
キャベ焼グループ天満店
オシイ!!
…い、いいねえ♪
コテコテどころかオシャレですらあるオバちゃんばかりだ…
ラ、ラ、ラー
オバちゃんはいね〜が〜?
ド派手でコテコテしたオバちゃんはいね〜が〜?
しっかりして、ナマハゲみたいになってるよ!!
フラフラー
フラフラ、

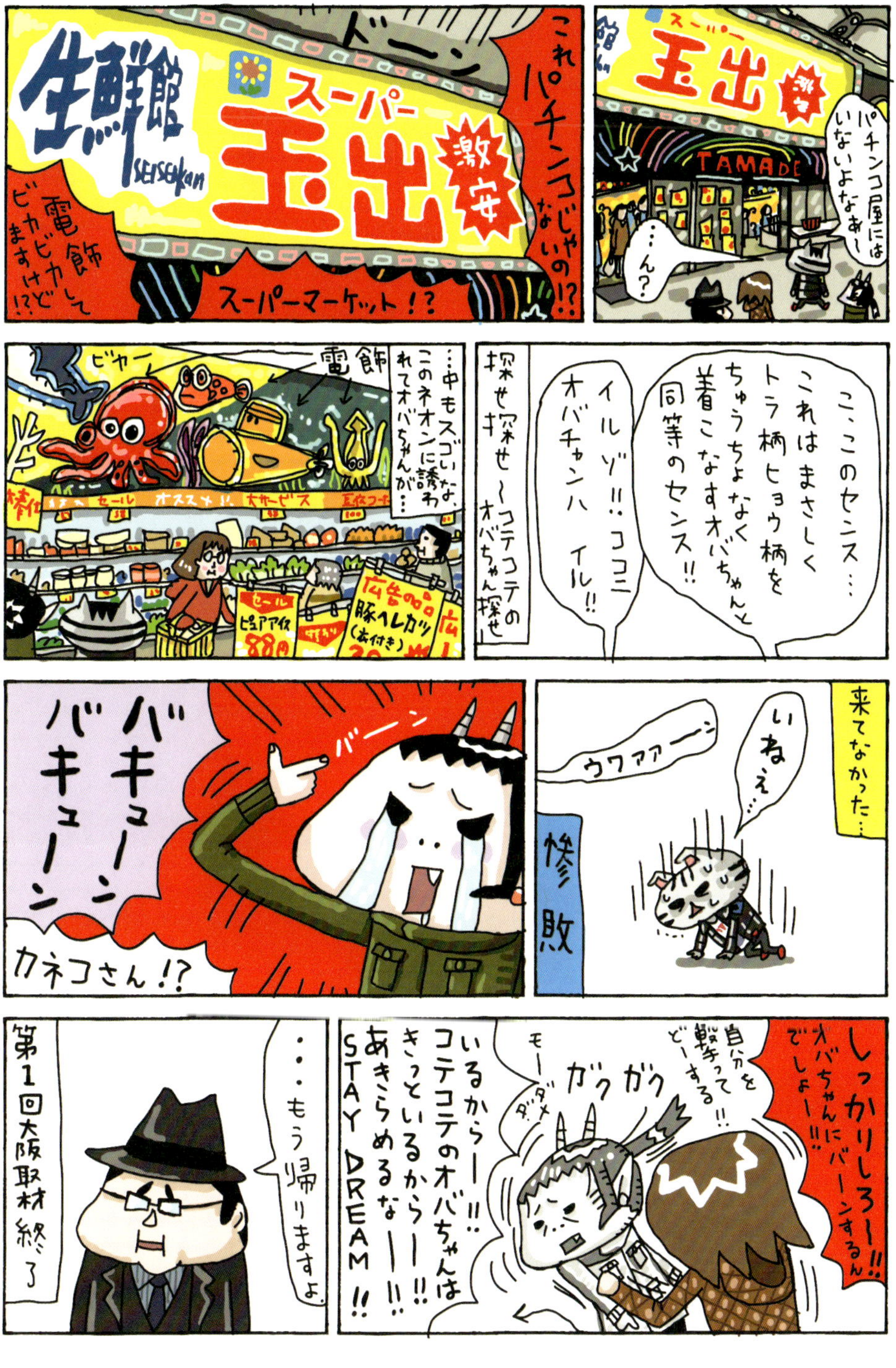
パチンコ屋にはいないよなあ
…ん?
スーパー
玉出
激安
TAMADE
ドーン
これパチンコじゃないの!?
生鮮館
SEISENKAN
スーパー
玉出
激安
電飾ビカビカしてますけど!?
スーパーマーケット!?
こ、このセンス…これはまさしくトラ柄ヒョウ柄をちゅうちょなく着こなすオバちゃんと同等のセンス!!
イルゾ!! ココニオバチャンハイル!!
探せ探せ～コテコテのオバちゃん探せ
…中もスゴいな、このネオンに誘われてオバちゃんが…
電飾
ピカー
セール
ピュアアイス
88円
広告の品
豚ヘレカツ
(衣付き)
来てなかった…
いねえ…
ウワァァーン
惨敗
バーン
バキューン
バキューン
カネコさん!?
しっかりしろ～!!
オバちゃんにバーンするんでしょー!!
自分を撃ってどーする!!
ガクガク
モーダメダ
いるから～!!
コテコテのオバちゃんはきっといるから～!!
あきらめるなー!!
STAY DREAM!!
…もう帰りますよ。
第1回大阪取材終了

諸説ありますシリーズ

大阪城の巨大石垣はコンブで運んだ!?

そうそう 重たい石を運ぶ時は
このヌルヌルが便利なのよね〜って
マジかよ―――――!?
しかも余ったコンブで
ダシをとったら美味しかったので
大阪にコンブダシの文化が
広まったってマジかよ――!?

空想秘話歴史ヒストリー

黒田官兵衛のカブトはなぜあんなやつなのか!?

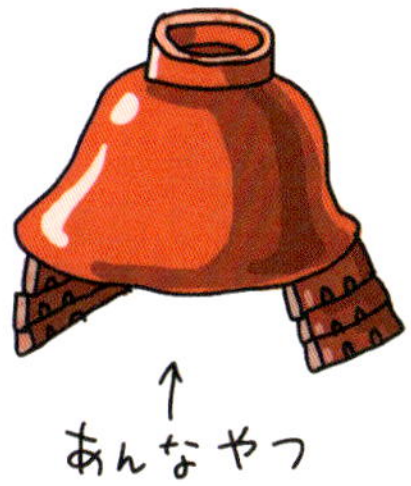

こうして妻てるの機転により戦場に遅れることなくはせ参じ、武功をたてた官兵衛はその後 秀吉の軍師として重用されることとなる。ちなみに大阪城築城の際に石垣をヨコブで運ぶことを思いついたのもこのワカメのミソシルをかぶった時であったという。

全部ウソである。

大阪でこんなものを買った。

大阪でこんなものを買った。

The Photo Gallery

兜と刀を身につけキャッキャと嬉しそうな外国人さん達。衣装借りてる人はほぼ外国の方々のようでした。そしてウチの身内もちょっとはしゃぎ気味。挙げ句、君主に斬りつけるボン田幸村…。

朝食を食べに行った帰りに雨に降られるアメオトコ達。この人達、なぜかいつも傘を持ち歩かないんだよね。もちろん他の二人は折りたたみ傘差して帰ってたよ。

本日もあれこれ買い食い。中でも天神橋筋商店街のコロッケは美味しかったなぁ。

今の大阪城は昭和６年に鉄筋コンクリートで再建されたものだそうだよ。だから情緒という意味ではちょっと残念な感じかもね。

天神橋筋商店街は一丁目から七丁目まで南北 2.6km あるんだって。せっかくだから端から端まで歩ききったよ。各丁のアーケードにそれぞれ特徴あって面白かったよ。ま、お目当てのおばちゃんには会えなかったけどね…。

3章

四天王寺と安倍晴明と住吉大社と

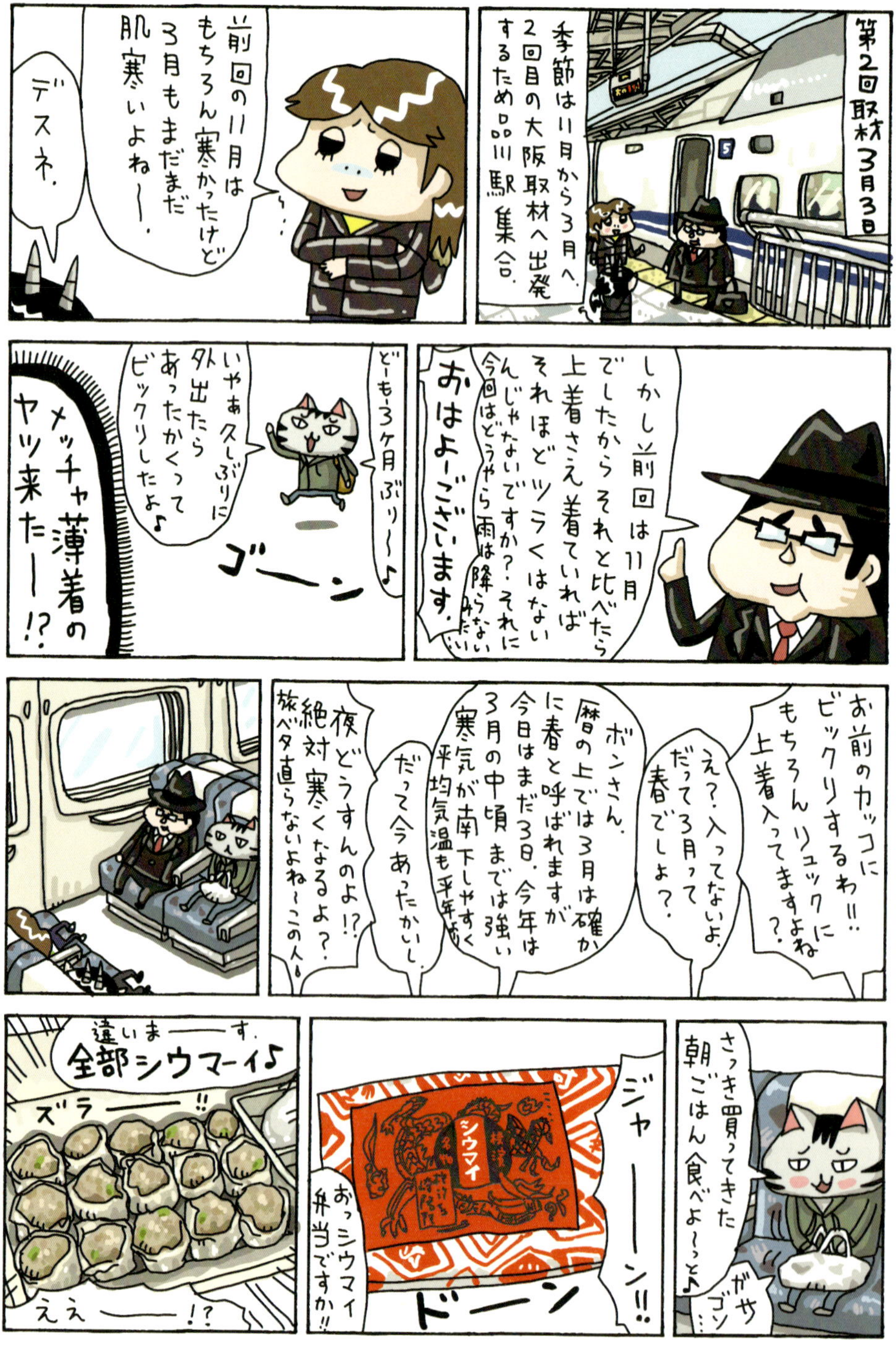
第2回取材3月3日
季節は11月から3月へ、2回目の大阪取材へ出発するため品川駅集合。
前回の11月はもちろん寒かったけど3月もまだまだ肌寒いよね〜〜。
デスネ。
しかし前回は11月でしたからそれと比べたら上着さえ着ていればそれほどツラくはないんじゃないですか？ それに今回はどうやら雨は降らないみたい
おはよーございます。
どーも3ケ月ぶり〜♪
いやぁ久しぶりに外出たらあったかくってビックリしたよ♪
ゴーーン
メッチャ薄着のヤツ来たーー!?
お前のカッコにビックリするわ!! もちろんリュックに上着入ってますよね？
え？ 入ってないよ。だって3月って春でしょ？
ボンさん、暦の上では3月は確かに春と呼ばれますが今日はまだ3日。今年は3月の中頃までは強い寒気が南下しやすく平均気温も平年より
だって今あったかいし。
夜どうすんのよ!? 絶対寒くなるよ？
旅ベタ直らないよね〜この人。
さっき買ってきた朝ごはん食べよ〜っと♪
ガサ ゴソ…
ジャーーン!!
シウマイ
ドーン
おっシウマイ弁当ですか!!
違いまーーす。全部シウマイ♪
ズラーーー!!
ええーーー!?

説明しよう。シウマイ弁当には通常シウマイが5つ入っている。
でも美味しいからもっと食べたいな!!とみんな思ってはいまいか、いる。
その点このシウマイはなんと15個入りだ。
つまり通常の3倍食べられるのだよ アルティシア♪
フフフ ニュータイプでも食べきれるかどうか…やってみるさ!!
カーワイーイ♪
さらにシウマイ弁当じゃなくシウマイだけを買うともれなく陶器でできた…
ひょうちゃんがついてくる
説明しよう!! ひょうちゃんは表情がたくさんあってそれをコレクションしてる人もいる人気しょうゆ差しなのだ!!
スイマセンけどそういうの横浜編とかでやってもらえますか? 今回大阪編なんでね…
ちっ
そんないつ出るとも知れないもの待ってちゃダメだ!! いつやるの? 今でしょ!!
ツル!!
ピュ
あ
カッツーン!!カッ コロコロコロコロー カランコロコ…
ひょうちゃーん!?
どうしよう!? 座席の下をひょうちゃんが転がってったあ～!!
車内ではお静かに。
…あの～コレ転がってきたんですけど……
ハッ
スイマセン!!
き～よお～け～ん～♪
さて落ちついたところで今回の予定を教えてもらえますか?
♪
ハイ
前回の取材で新世界に道頓堀といわゆる大阪らしい街は散策できたので2回目の今回はちょっとシブい場所に行ってみようと思います。1日目の今日はズバリ
お寺、神社巡り～!!
四天王寺とか住吉大社とか。
2日目はアメリカ村とか市場とか行こうかと思ってます。
分かりました。
認めたくないものだな、シウマイにはゴハンがあった方がバランスが良いということを。
うっ…

新大阪
まずは御堂筋線で天王寺へ～
天王寺
天王寺駅
天王寺駅 北
ではでは四天王寺目指してレッツゴーー!!
・・・
天王寺
Tennoji
30
・・・
あのさぁ…まずは四天王寺もいいけど天王寺に行った方がいいんじゃないの？ そっちのお寺の方が有名っぽいけど。地名にもなってるみたいだし…
「天王寺」なんてお寺ありませんよ。天王寺っていう地名は四天王寺を略したものですから。本来「四天王寺」だったものを「天王寺」と呼んでいるのです。
えっ そうなんだ…でも本来の意味としては四人そろった呼び名が四天王だろうに「四」取っちゃったら一人みたいになっちゃうことに対して他の三人は納得してるわけ？ クリカンと清水アキラとビジーフォーはそれで良しとしてるわけ？ コロッケばっかズリー みたいなの
ものまね四天王!?
四天王寺
ものまねの神様はいない。建てた人はあの有名な元お札の人聖徳太子。ちなみに四天王とは持国天・増長天・広目天・多聞天
これを知っていると「そんなこと知ってんのおー!!」と言われるとか言われないとか。
よし空白埋まった。
大日本仏法最初四天王寺

ブッチャー!?
布袋《ほてい》さま!!
大阪七福神めぐり 四天王寺のほていさん
浄財
なになに?おなかをなでると福を呼び、背中の袋をなでるとお金を呼び、ひょうたんをなでると病気にならないかあ…
ささっ
やると思った。
ささー
ささ~
コノヘンニ ゴジュウノトウガ アルハズデスガ…
あった
ゴーーーン
だと思った…
そうだと思った。
イタリア編でミラノ行った時もドゥオーモ改修中で見れなかったし、富士山行ったらくもってて見えねえし、道頓堀に行きゃ雨降るし……旅向いてないんだよね。
グチらなーい!!
改修が終わった五重塔はみんなの目で確認してくれよな!!
ビシィ!!
なんだそりゃ
あ そうだ。ここに来たらボンさんにぜひやってみて欲しいことがあったんだった。
おもかる地蔵
願い事をお祈りしてお地蔵さまを持ち上げる。軽ければ願いが叶い 重ければ叶うまで時間がかかる。
「この大阪編の締め切りが守れますようにってお祈りして持ち上げてみて。
まかせとけぇ~♪
めっちゃ重い!!
もういいです

お寺の隣に学校があるよ。
何て学校ですかね?
学校法人 四天王寺学園
デデーーン!!
こ、これはーー!?
ドーーン
祝 全国高等学校選抜大会 出場
卓球部
バドミントン部
ハンド
そしてやはり強豪校かーー!!
全国大会
くそーー負けたーー!!
気にするな。お前はよく頑張ったよ、ただ相手が悪かっただけだ。
そうだよあいつらに勝てる学校なんてないさ、
ヤツラ強過ぎる!!
四天王寺学園卓球部!!中でもあの4人…
先鋒5人抜き上等 逆手ペンホルダーのマンジ丸
次鋒 巨大ラケットで空ブリなし。大山フドウ
副将 反則すれすれ二刀流 宮本ムサコ
大将 氣の力で打ち返す。ラケットいらずのマサオ。
人呼んで…卓球四天王!!!!
ドドーン
そしてその四天王を率いるのが伝説の名監督 聖徳ふとし(40)
うわさでは部員全員の悩みを全て同時に聞き分けアドバイスすることができるらしい。
「あきらめたらそこで試合終了ですよ」は彼の言葉じゃないらしい。
カントク
勝てっこねーよ、(泣)

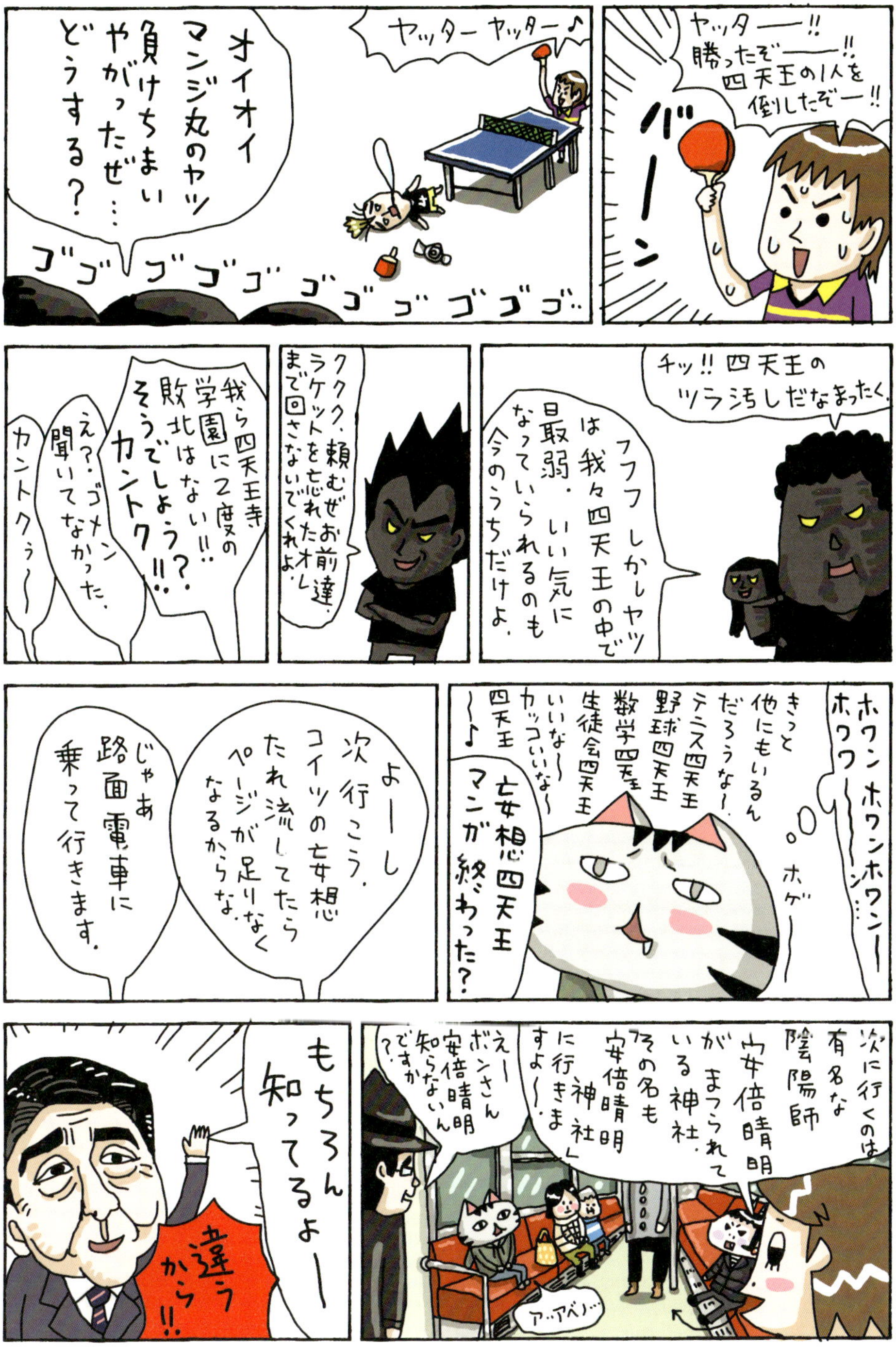

ヤッター――!!
勝ったぞ――!!
四天王の1人を倒したぞー!!
バーン
ヤッター ヤッター♪
オイオイ マンジ丸のヤツ負けちまいやがったぜ…どうする?
ゴゴゴゴゴゴゴゴゴゴゴ…
チッ!! 四天王のツラ汚しだなまったく.
フフフ しかしヤツは我々四天王の中で最弱・いい気になっていられるのも今のうちだけよ.
ククク、頼むぜお前達。ラケットを忘れたオレまで回さないでくれよ.
我ら四天王寺学園に2度の敗北はない!! そうでしょう? カントク!!
え?・ゴメン聞いてなかった.
カントクぅ~
ホワン ホワンホワンホワンー
ホワワ~ン…
きっと他にもいるんだろうな~. テニス四天王 野球四天王 数学四天王 生徒会四天王 いいな~カッコいいな~ 四天王~♪
ホゲ~
妄想四天王マンガ終わった?
よーし 次行こう. コイツの妄想たれ流してたらページが足りなくなるからな.
じゃあ路面電車に乗って行きます.
次に行くのは有名な陰陽師 安倍晴明がまつられている神社. その名も「安倍晴明神社」に行きますよ~.
えーボンさん安倍晴明知らないんですか?
ア…アベノ…
もちろん知ってるよー
違うから!!

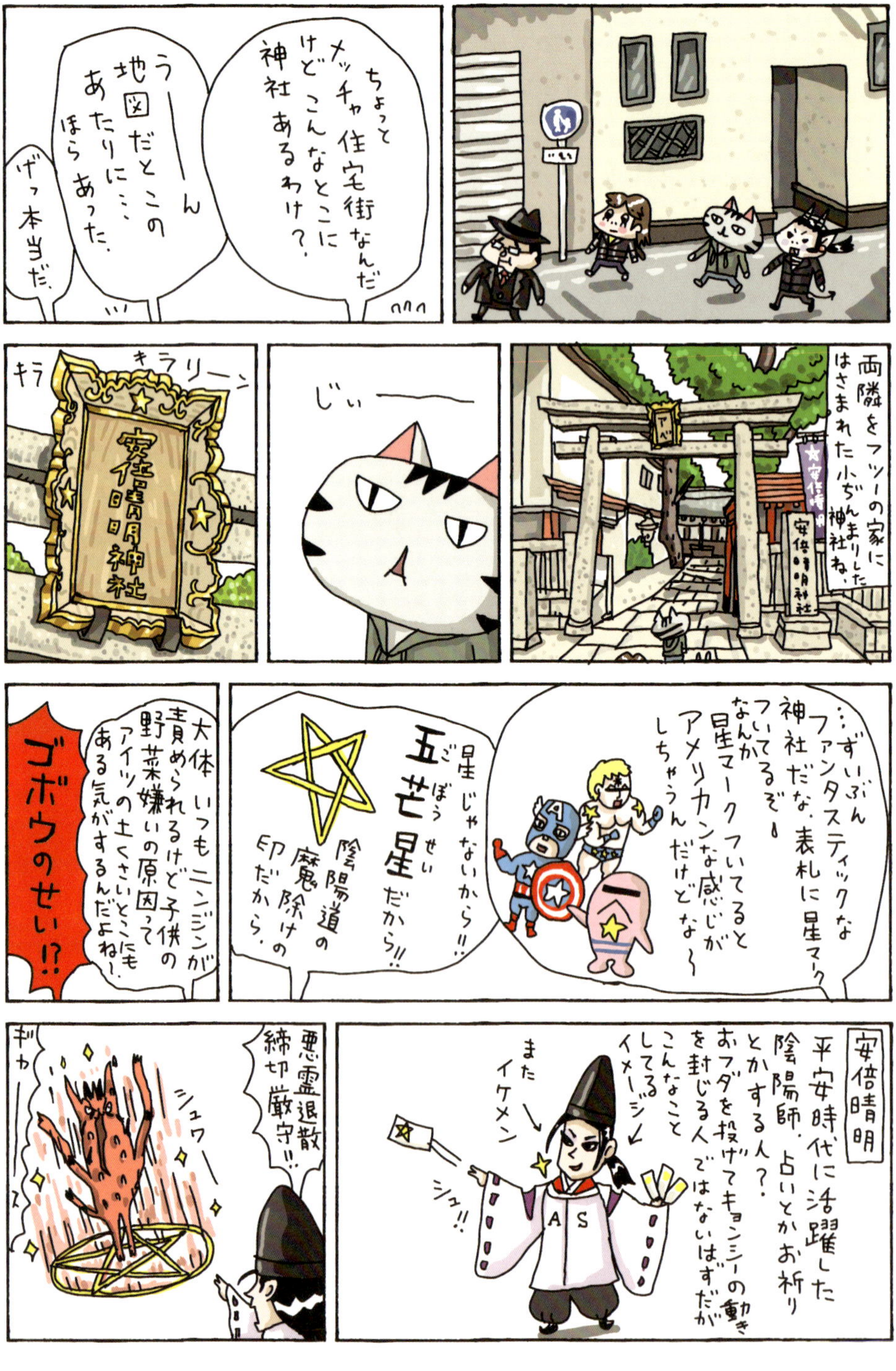
ちょっとメッチャ住宅街なんだけどこんなとこに神社あるわけ？
う———ん 地図だとこのあたりに…、ほらあった。
げっ本当だ。
両隣をフツーの家にはさまれた小ぢんまりした神社ね、
安倍晴明神社
じぃ———
キラ
キラリ———ン
安倍晴明神社
…ずいぶんファンタスティックな神社だな。表札に星マークついてるぞ。
なんか星マークついてるとアメリカンな感じがしちゃうんだけどな〜
星じゃないから!!
五《ご》芒《ぼう》星《せい》だから!!
陰陽道の魔除けの印だから。
大体いつもニンジンが責められるけど子供の野菜嫌いの原因ってアイツの土くさいとこにもある気がするんだよね〜。
ゴボウのせい!?
安倍晴明
平安時代に活躍した陰陽師。占いとかお祈りとかする人？
おフダを投げてキョンシーの動きを封じる人ではないはずだがこんなことしてるイメージ
また イケメン
シュ!!
A S
悪霊退散 締切厳守!!
シュワ———
ギャ———ス

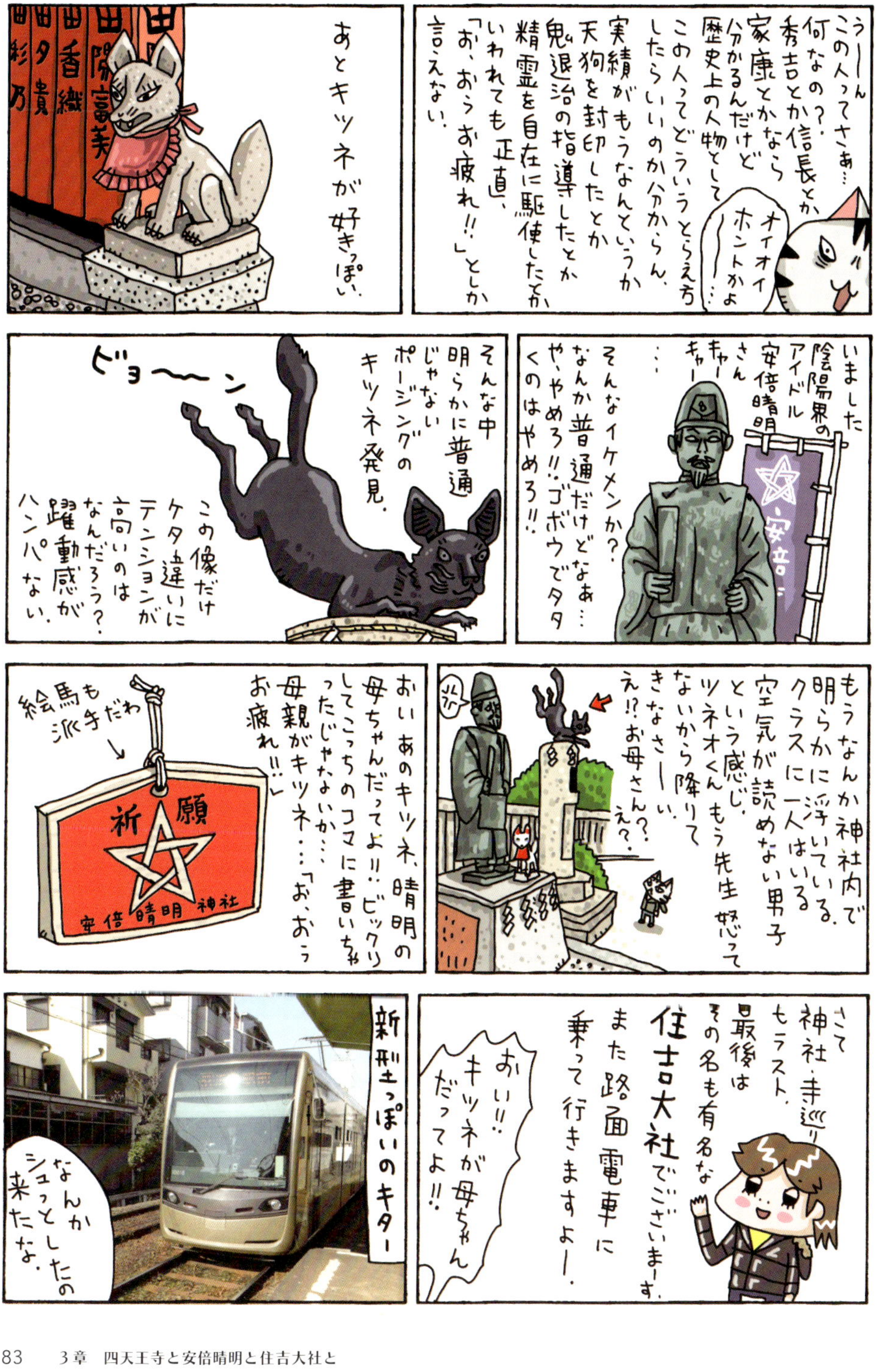

うーん この人ってさぁ… 何なの?・秀吉とか信長とか 家康とかなら 分かるんだけど 歴史上の人物として この人ってどういうとらえ方 したらいいのか分からん。 実績がもうなんていうか 天狗を封印したとか 鬼退治の指導したとか 精霊を自在に駆使したか いわれても正直、「お、おうお疲れ!!」としか 言えない。
オイオイ ホントかよ…
あとキツネが好きっぽい。
いました 陰陽界のアイドル 安倍晴明さん
キャーキャー…
そんなイケメンか? なんか普通だけどなぁ…
や、やめろ!!ゴボウでタタくのはやめろ!!
そんな中 明らかに普通じゃない ポージングのキツネ発見。
ビヨ〜〜ン
この像だけ ケタ違いにテンションが 高いのは なんだろう? 躍動感がハンパない。
もうなんか神社内で 明らかに浮いている。 クラスに一人はいる 空気が読めない男子 という感じ。
ツネオくんもう先生怒って ないから降りて きなさーい。
え!?お母さん? え?
おいあのキツネ、晴明の 母ちゃんだってよ!!ビックリ してこっちのコマに書いちゃ ったじゃないか… 母親がキツネ…「お、おぅ お疲れ!!」
絵馬も派手だわ
祈願
安倍晴明神社
さて 神社・寺巡りもラスト。 最後は その名も有名な 住吉大社でございまーす。 また路面電車に 乗って行きますよー。
おい!! キツネが母ちゃん だってよ!!
新型っぽいのキター
なんか シュッとしたの 来たな。

住吉大社
住吉大社
スゲーでかい。
それもそのはず
ここの住吉神社は
全国約2300社余の
住吉神社の
総本社なのです。
ごっつあんです!!
横綱伝説なる説話
もあり横綱起源の地
とも言えるようです。
ごっつあんです。
横綱の土俵入りもやって
まーす。
ムキムキー
ゴツ!?
コイツ
殺る気マンマン
じゃねえか
コマイヌの横綱や～。
稀勢の里はワシが
育てた!!
ドン
スゲーー
マジかーーー
ごっつあんでーす
ウりでーす。
反橋《そりはし》
住吉を
象徴する
橋。
反橋の
名はダテじゃ
ない!!と
いわんばかりに
反りかえっている。
川端康成も
ビビってたらしい。
マジで角度があって急なので
気をつけて～。
うおっ!?
高っ!!
コワッ!!
落ちる～～
大げさです
石舞台
重要文化財
あーコイいたコイ!!
見てみて。
あっカメも!!
デケー。
・・・

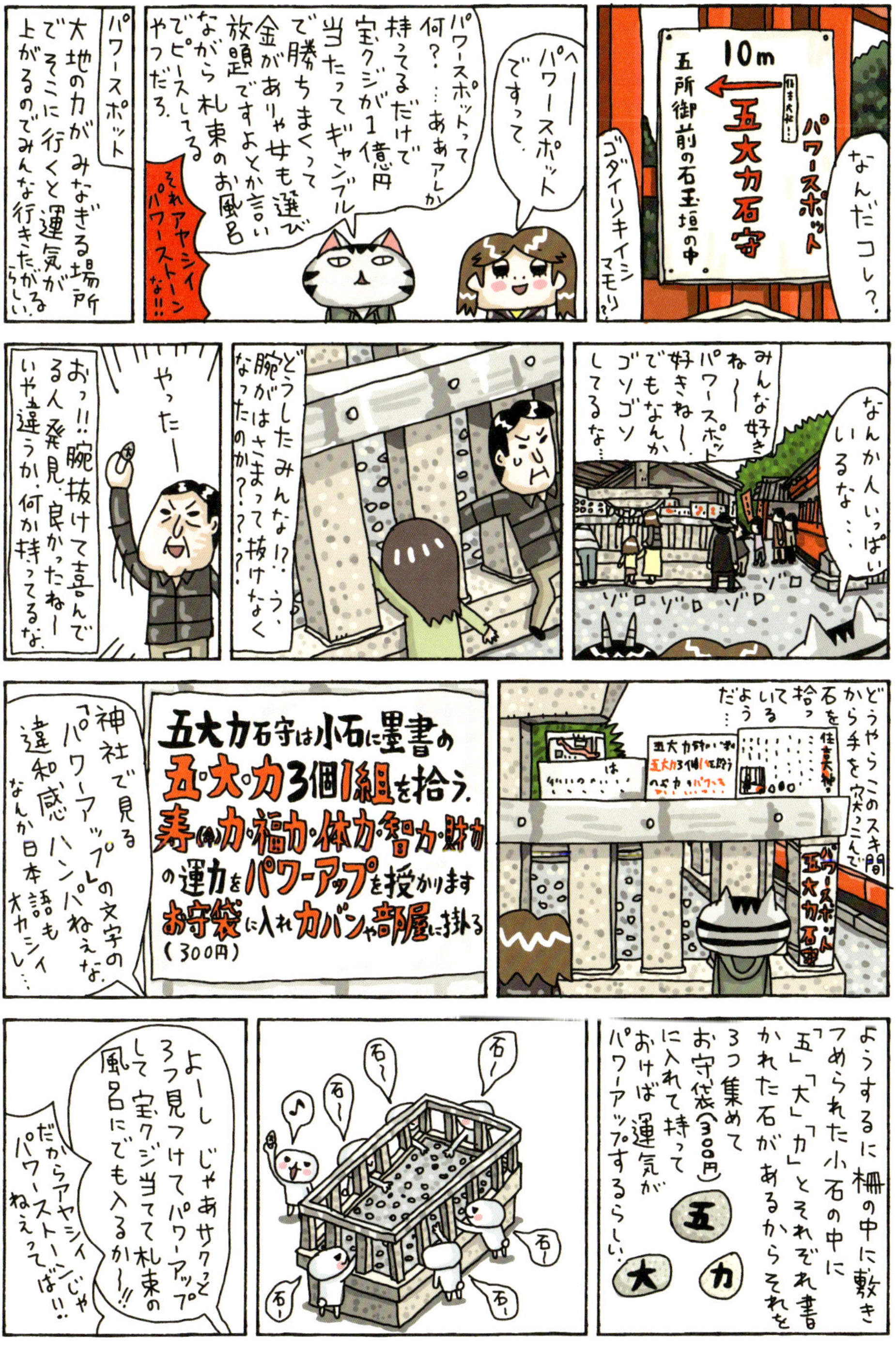
なんだコレ？
10m
パワースポット
五大力石守
五所御前の石玉垣の中
ゴダイリキイシマモリ？
へー パワースポットですって。
パワースポットって何？…ああアレか 持ってるだけで宝クジが1億円当たってギャンブルで勝ちまくって金がありゃ女も選び放題ですよとか言いながら札束のお風呂でピースしてるやつだろ。
それアヤシイパワーストーンな!!
パワースポット
大地の力がみなぎる場所でそこに行くと運気が上がるのでみんな行きたがるらしい。
なんかいっぱいいるな…
みんな好きねー パワースポット好きねー。でもなんかゴソゴソしてるな…
ゾロ ゾロ ゾロ ゾロ ゾロ
どうしたみんな!? う、腕がはさまって抜けなくなったのか？？？
やったー
おっ!!腕抜けて喜んでる人発見。良かったねー いや違うか。何か持ってるな。
どうやらこのスキ間から手を突っこんで石を拾っているようだ…
パワースポット 五大力石守
五大力石守は小石に墨書の五・大・力3個1組を拾う。寿(命)力・福力・体力・智力・財力の運力をパワーアップを授かります お守袋に入れカバンや部屋に掛ける (300円)
神社で見る「パワーアップ」の文字の違和感ハンパねえな。
なんか日本語もオカシイし…
ようするに柵の中に敷きつめられた小石の中に「五」「大」「力」とそれぞれ書かれた石があるからそれを3つ集めてお守袋(300円)に入れて持っておけば運気がパワーアップするらしい。
五
大
力
石ー
石ー
♪
石ー
石ー
石ー
石ー
よーし じゃあサクッと3つ見つけて宝クジ当ててパワーアップして札束の風呂にでも入るか～!!
だからアヤシイパワーストーンじゃねえってば!!

いざパワーアップだ!!
やぁーってやるぜ!!
ズボッ
パワーアップアイテム こーーい!!
ザザッ
ハズレ
ゴーーーン
あれ?何も書いてない…意外とアタリ少ないのか?
黙々と石を漁る人たち…
人々がスキ間から腕を入れて探しているさまはさながら大阪の伝説の漫才師横山やすしを彷彿とさせる。
メガネ
メガネ
メガネ
メガネ
メガネ
大発見ーー♪
何ィ
オラー負けるかぁー!!ゴッソリいくぞー
ゴッソリ
バラバラ
ない
ないない
ないない
なーい
なーいなな ななーい
ポイポイポイポイポーイ
ジャーン
あったーー!!
なんか字がヘタなやつだけどまあいいかあ~.
おーい、見つけた…
ガッ!!
ポロッ
ピュ~
コロコロコロコロコロ….
コッ
カッ!!

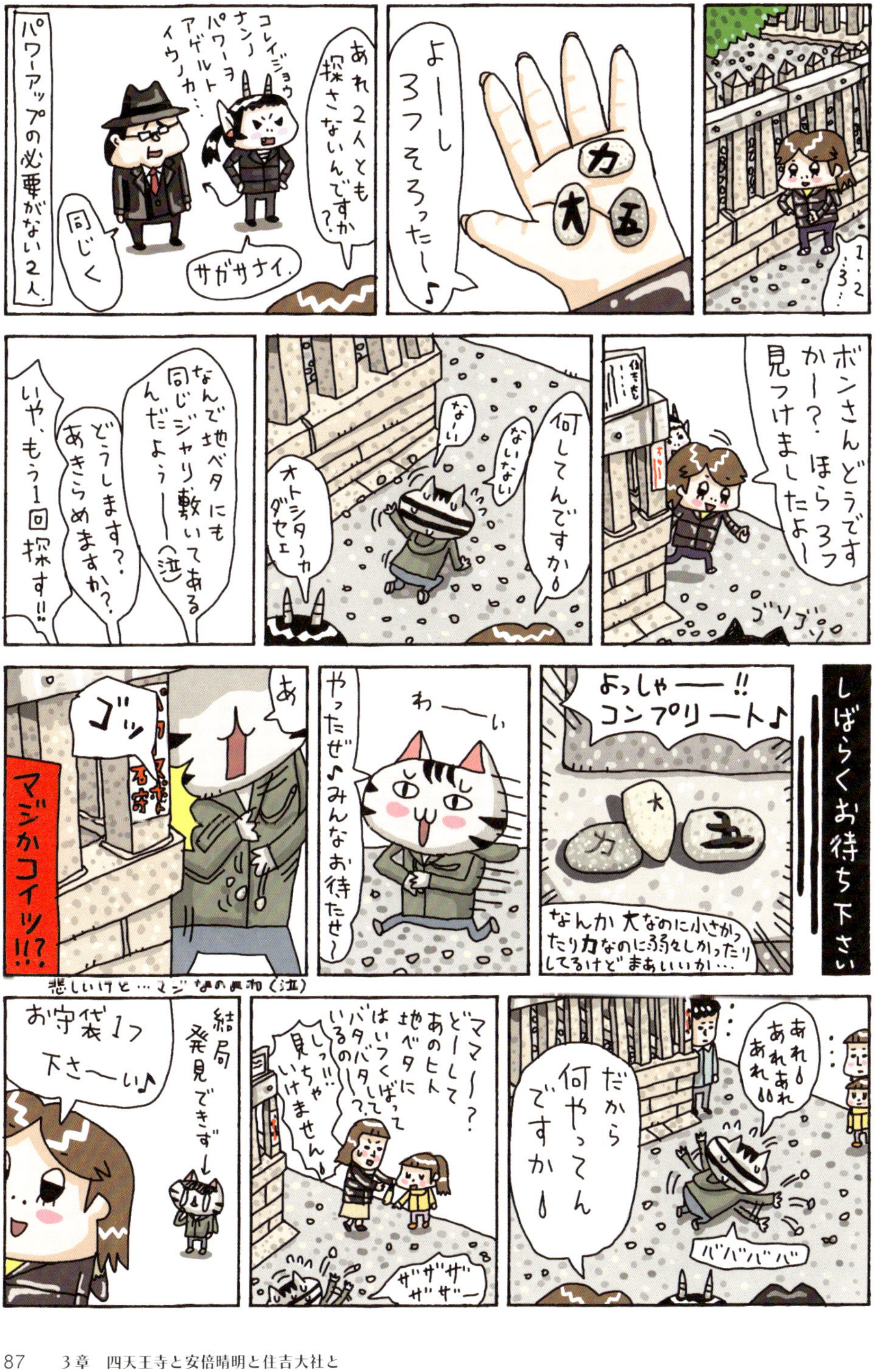
1…2…3…
よーし 3つそろったー♪
あれ2人とも探さないんですか?
コレイジョウ パワーヲ アゲルト イウノカ…
サガサナイ。
同じく
パワーアップの必要がない2人。
ボンさんどうですかー? ほら3つ見つけましたよー
ゴソゴソ
何してんですか。
ないない
なーい
オトシタノカ ダセエ
なんで地ベタにも同じジャリ敷いてあるんだよう〜(泣)
どうします? あきらめますか?
いや、もう1回探す!!
しばらくお待ち下さい
よっしゃーー!! コンプリート♪
なんか大なのに小さかったり力なのに弱々しかったりしてるけどまあいいか…
わ〜〜い
やったぜ♪みんなお待たせ〜
あ
ゴッ
マジかコイツ!!?
悲しいけど…マジなの
(泣)
あれ。あれあれあれ。。
だから何やってんですか。
ババババ
ママ〜〜? どーして あのヒト 地ベタに はいつくばって バタバタして いるの〜?
しっ!! 見ちゃいけません。
ザザザザー ザザー
お守袋1つ下さ〜い♪
結局発見できず〜

3百円です。
ツル?
おいおいあの人頭に松生えてるぞ!!
マツコだマツコ!!
ヤメロ!!
ジャーーーーン!!
五大力 御守
ケッ
うおー パワー アーップ
おっ おみくじ発見!! しかも3種類もある。
おみくじ 初穂料200円
大筒みくじ 初穂料200円
恋みくじ 初穂料200円
うーむ、恋みくじも気になるところだがここはやはり…
大筒みくじ 初穂料200円
周囲に気をつけてお振り下さい。
ドン!!
これだな。
ガシ
ガシ
ガバ!!
ハイイ!!
ガラ ガラ ガラ ガラ
ハイハイ~
ハイー
ガッシャ ガッシャ ガッシャ
ハァ ハァ ハァ ハァ
アイヤ~~ハイサ~
なんだよ コレ…
ブン!!
ジャコ
ハイぃ!!

えーっと16番は…おっボンさんスゴい。大吉ですよ。
ゼエ ハア ゼエ ハア
ニヤリ
よーーし♪大吉ゲットだぜ。
おみくじ
初穂料200円
ヤダーマーくん大吉やんかースゴーイ♥
よっと
シャコ
普通のおみくじの方引いて良かったね。だって私たちの恋みくじはいつだって大吉だもんねー♥
サイトウさん、ボクの大吉は何大吉でした？メガ大吉？それともギガ大吉？
ただの大吉です
いやいやいやあんな重たい大筒振り回したのに隣のアベックが引いた普通の大吉と同じ大吉なわけないでしょ（苦笑）あ～スーパー大吉かな？
ただの大吉です
なんだとう～～
日もくれてきました～。
寒いので穴に入ってまーす。
THE寒い。
ガタガタガタ
でしょうね。
朝言ったよね？上着いるよって言ったよね？
買って!!
ハア～しょうがないなあ。
これにしたら？
いやだ!!
OSAKA
なんでやねん
テレレレッテレーー♪
ボンは上着を手に入れた。
1500円～♪
安っ!!

The Photo Gallery

四天王寺は 593 年に聖徳太子が建立したんですって。すごい歴史だね。五重塔も見たかったなぁ。「おもかる地蔵」は人によって本当に体感の重さが違うみたい。見ての通りボンさんはすごく重そうだけど。「なで布袋尊」はとにかくご利益得ようと、お腹も背中もひょうたんも、触りまくりだね。

住吉大社ではホントにたくさんの人が石拾いしてたよ。「五」「大」「力」の 3 つの石を集めたらお守り袋もやっぱり欲しくなるよね。

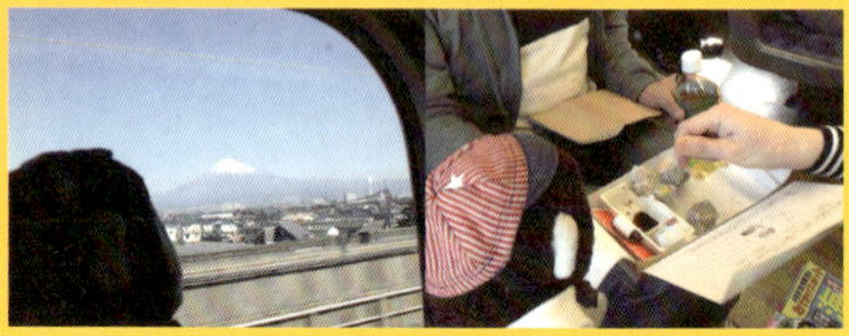

新幹線からは富士山も見えて、取材には珍しく快晴。みんなでシウマイのお裾分けをもらう。大阪と全然関係無い話題ですけども…。

阪堺電車に乗って安倍晴明神社へ。探すのにちょっと戸惑うような立地だったよ。ここが晴明さんの生誕の地なんですって。

住吉大社は創建から 1800 年も経ってるそうだよ。そんなに長い歴史があれば、そりゃパワースポットもたくさんあるよね。反橋の急さ、この写真で伝わるかな？

アメリカと黒門市場と空中庭園と

4章

2日目の朝
朝食は前回同様カネコさんチョイスの純喫茶へ。
American
コーヒーアクマイスター
カネコの"純喫茶探訪"
第2回
ハイ オハヨーゴザイマス。コンカイハ ジュンキッサ アメリカン。ネオ・クラシックチョウ ノ クウカン デ カオリタカイ コーヒー ヲ イタダケマス。
ゴツくてレトロでアメリカンな看板。
American
純喫茶
アメリカン
店内は高級感のある上級モダンクラシックな雰囲気。天井高くて広々。
海ブドウじゃないよ。シャンデリアだよ。
なんというか安っぽいとこがひとつもない。ひとつひとつの調度品がお金かかってそうなんだけどそれが決して下品でなく非常に上品で美しくまとまっている。
え？何このカベ!? 木？木曲げてんの？スゲ〜!!
店内のオシャレっぷりにも驚いたが現れたウェイトレスにまたビックリ。
いらっしゃいませ。
えっ!?
ご注文お伺いします♪
ジャーーン
女学生キター!?

お ー
おお ー
何？ココは
聖メリケン又女学院
純喫茶部ですか？
うーむ 何だろう．
アキバのメイド喫茶とは
明らかに違うこの本物感．
（いやメイド喫茶行ったことないけど）
この優雅で気品あふれる
たたずまい．ステキだわ．
モーニングサービス
A.M.9:00〜11:00
（コーヒ・紅茶ミルク）のみ ¥460
コーヒ 紅茶 ミルク いずれか一品付
+トースト+玉子…¥620
+サラダ+トースト ¥770
+ホットケーキ--- ¥770
+ハムエッグトースト ¥770
+ホットサンド（ケチャップ カレー）¥770
+ミニサンド---- ¥770
コーヒ？
組み合わせは無限大なのね！
せっかくなので色々注文してみたわ♪
ハムエッグトースト
ホットケーキ
ホットサンド（ケチャップ）
コーヒもお上品だわ．
うん いい香り．深煎りの豆の持つ豊かでコクのある味わい．苦味と酸味のバランスどれをとっ
着てんだよ!! いつまで キモいから脱げよ．
ポテトサラダ
キュウリ
ケチャップ
タマゴ
ホットサンド美味しい
ホットケーキウマイ．
ハグハグ
オシャレなので持って帰って家に飾ってまーす♪
いやフォークじゃなくて紙ナプキンな…
アメリカン
純喫茶アメリカンオススメだぞ♥
脱げ ゴルァ

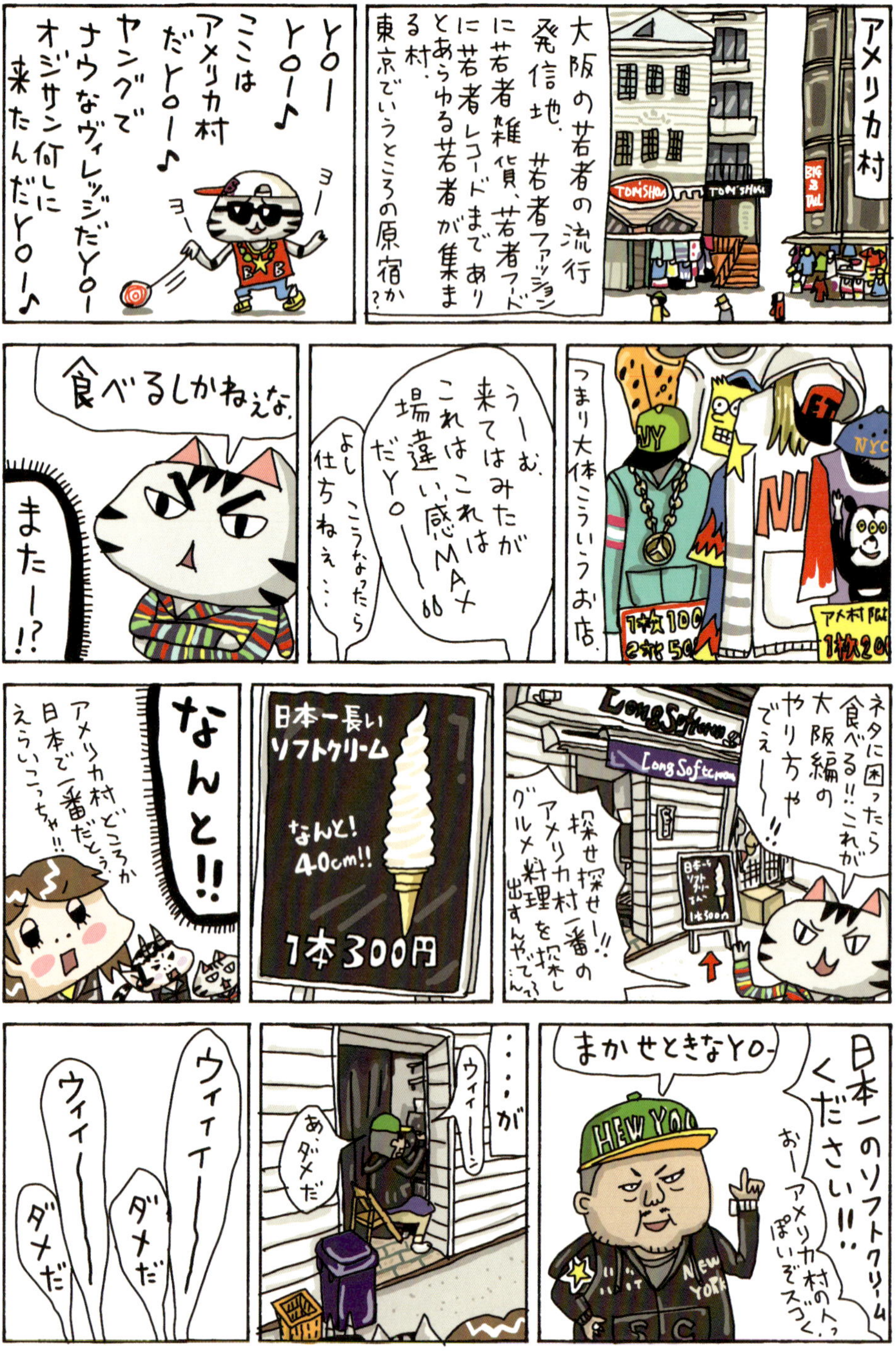
アメリカ村
大阪の若者の流行発信地、若者ファッションに若者雑貨、若者フードに若者レコードまでありとあらゆる若者が集まる村。
東京でいうところの原宿か？
YO－YO－♪
ここはアメリカ村だYO－♪
ヤングでナウなヴィレッジだYO－
オジサン何しに来たんだYO－♪
ヨー
ヨー
つまり大体こういうお店。
うーむ、来てはみたがこれはこれは場違い感MAXだYO――…
よし こうなったら仕方ねえ…
食べるしかねぇな。
またー!?
ネタに困ったら食べる!!これが大阪編のやり方やでぇ～!!
探せ探せ!! アメリカ村一番のグルメ料理を探し出すんやで?んっ?
Long Softcream
日本一長いソフトクリーム
なんと! 40cm!!
1本300円
なんと!!
アメリカ村どころか日本で一番だとう？えらいこっちゃ!!
まかせときなYO－
日本一のソフトクリームください!!
おーアメリカ村の人っぽいぞスゴく。
・・・が
ウィィ～～ン
あ、ダメだ
ウィィイ～～
ダメだ
ウィイ～～
ダメだ

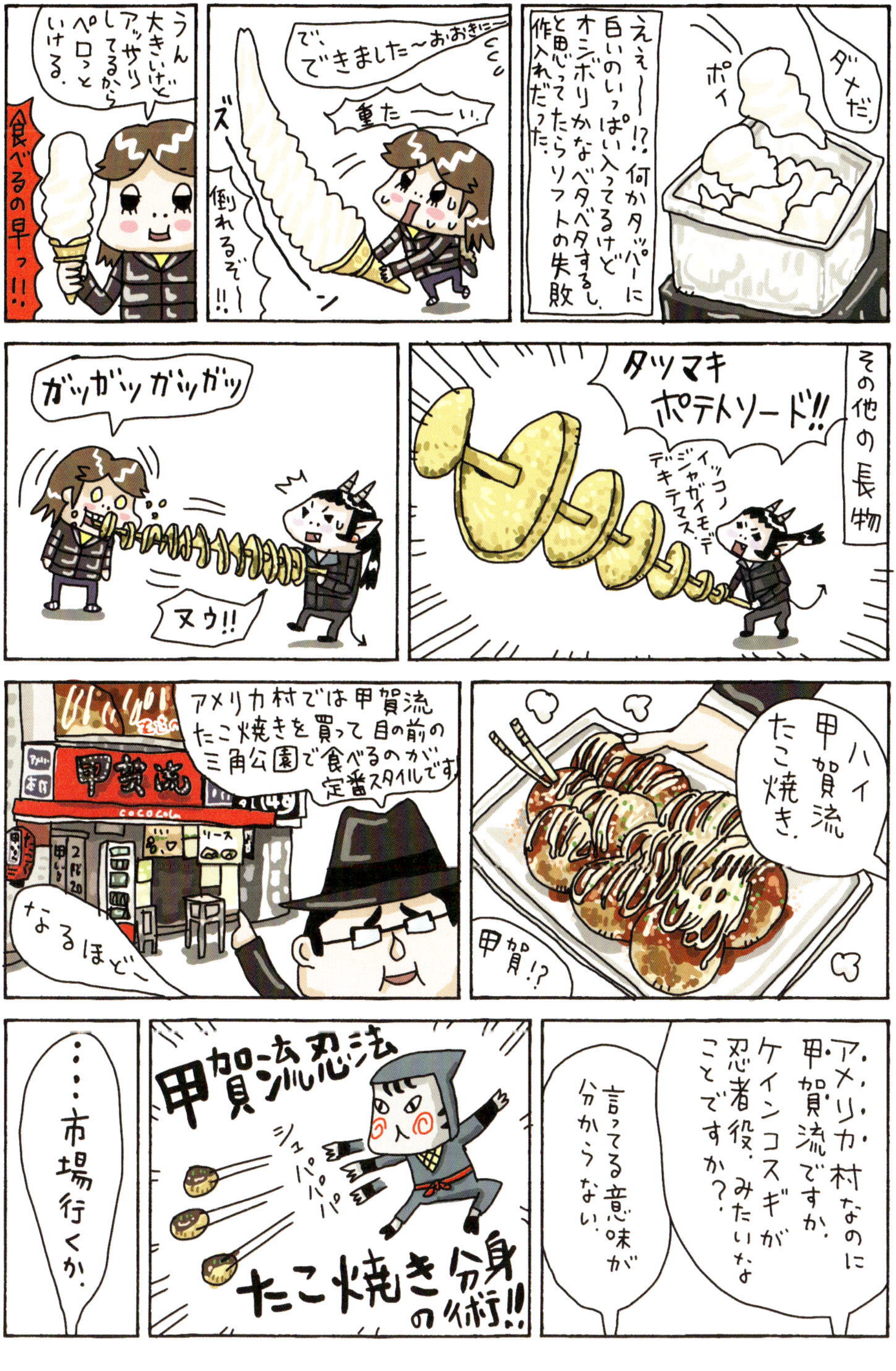
ダナだ.
ポイ
ええ～!?何かタッパーに白いのいっぱい入ってるけどオシボリかなベタベタするし、と思ってたらソフトの失敗作入れだった。
で、できました～おおきに～
重た――い.
ズ
ン
倒れるぞ～!!
うん大きいけどアッサリしてるからペロっといける.
食べるの早っ!!
その他の長物
タツマキポテトソード!!
イッコノジャガイモデデキテマス
ガッガッガッガッ
ヌウ!!
ハイ甲賀流たこ焼き.
甲賀!?
アメリカ村では甲賀流たこ焼きを買って目の前の三角公園で食べるのが定番スタイルです。
甲賀流
なるほど～
アメリカ村なのに甲賀流ですか.ケインコスギが忍者役.みたいなことですか?
言ってる意味が分からない.
甲賀流忍法
シュパパパ
たこ焼き分身の術!!
……市場行くか.

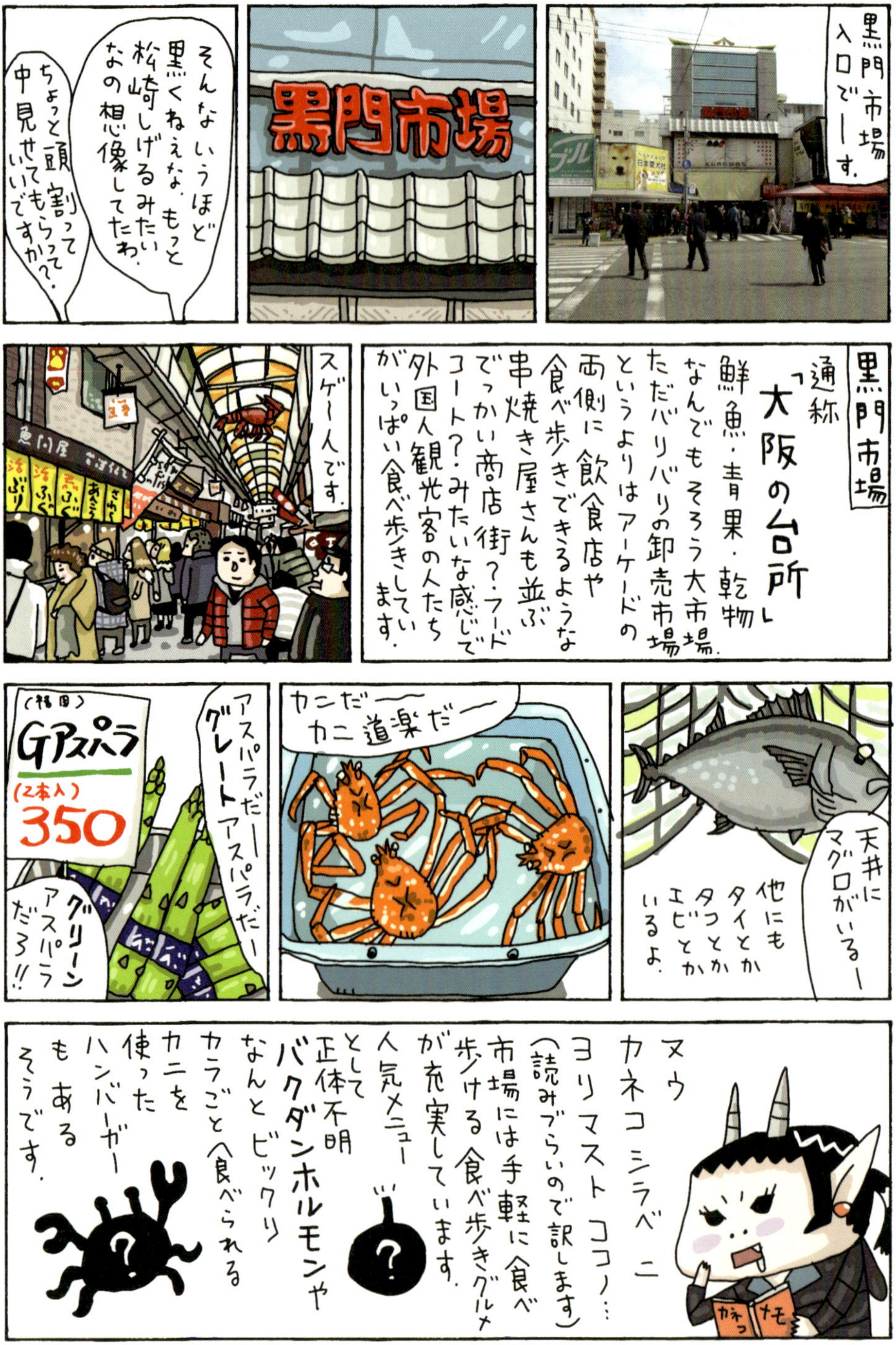
黒門市場入口でーす。
黒門市場
そんないうほど黒くねえな。もっと松崎しげるみたいなの想像してたわ。
ちょっと頭割って中見せてもらっていいですか？
黒門市場
通称「大阪の台所」
鮮魚・青果・乾物なんでもそろう大市場。
ただバリバリの卸売市場というよりはアーケードの両側に飲食店や食べ歩きできるような串焼き屋さんも並ぶでっかい商店街？フードコート？みたいな感じで外国人観光客の人たちがいっぱい食べ歩きしています。
スゲー人です。
天井にマグロがいるー
他にもタイとかタコとかエビとかいるよ。
カニだーー
カニ道楽だー
アスパラだー
グレートアスパラだー
(福岡)
Gアスパラ
(2本入)
350
グリーンアスパラだろ!!
ヌウ
カネコ シラベ ニ
ヨリマスト ココノ…
(読みづらいので訳します)
市場には手軽に食べ歩ける食べ歩きグルメが充実しています。
人気メニューとして正体不明バクダンホルモンやなんとビックリカラごと(食べられるカニを使ったハンバーガーもあるそうです。
カネコ
メモ

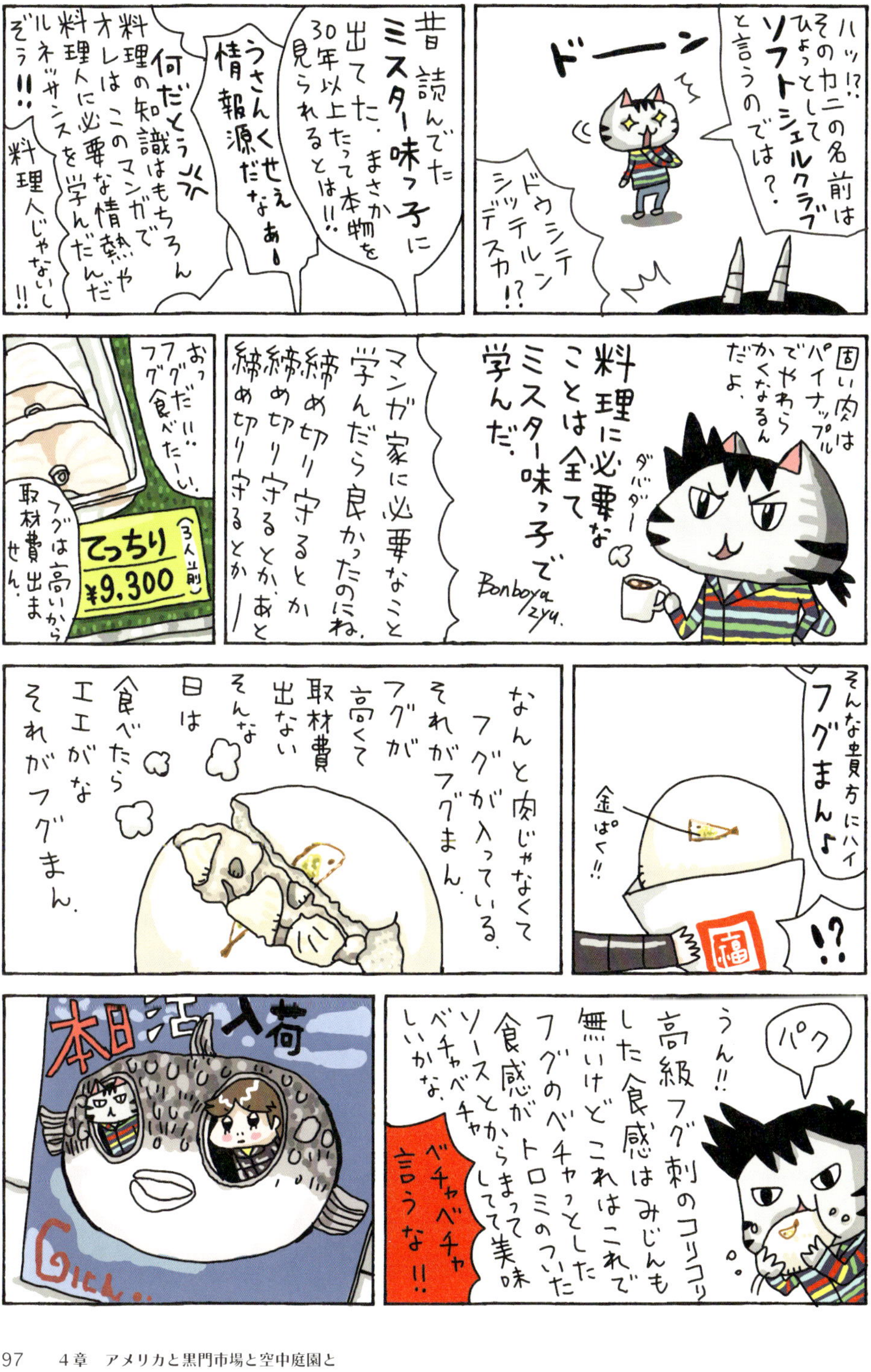
ハッ!? そのカニの名前は ひょっとして ソフトシェルクラブ と言うのでは？
ドーーン
ドウシテシッテルンデスカ!?
昔読んでたミスター味っ子に出てた。まさか30年以上たって本物を見られるとは!!
うさんくせえ情報源だなあ。
何だとう
料理の知識はもちろんオレはこのマンガで料理人に必要な情熱やルネッサンスを学んだんだぞう!!
料理人じゃないし!!
固い肉はパイナップルでやわらかくなるんだよ、
料理に必要なことは全てミスター味っ子で学んだ。
ダバダー
Bonboyazyu.
マンガ家に必要なこと学んだら良かったのにね。締め切り守るとか締め切り守るとか、あと締め切り守るとか…
おっフグだ!! フグ食べたーい。
てっちり
(3人前)
¥9,300
フグは高いから取材費出ません。
そんな貴方にハイ
フグまん♪
金ぱく!!
!?
福
なんと肉じゃなくてフグが入っている。それがフグまん。
フグが高くて取材費出ないそんな日は食べたらエエがなそれがフグまん。
パク
うん!!
高級フグ刺のコリコリした食感はみじんも無いけどこれはこれでフグのベチャっとした食感がトロミのついたソースとからまってベチャベチャしてて美味しいかな。
ベチャベチャ言うな!!
本日活入荷

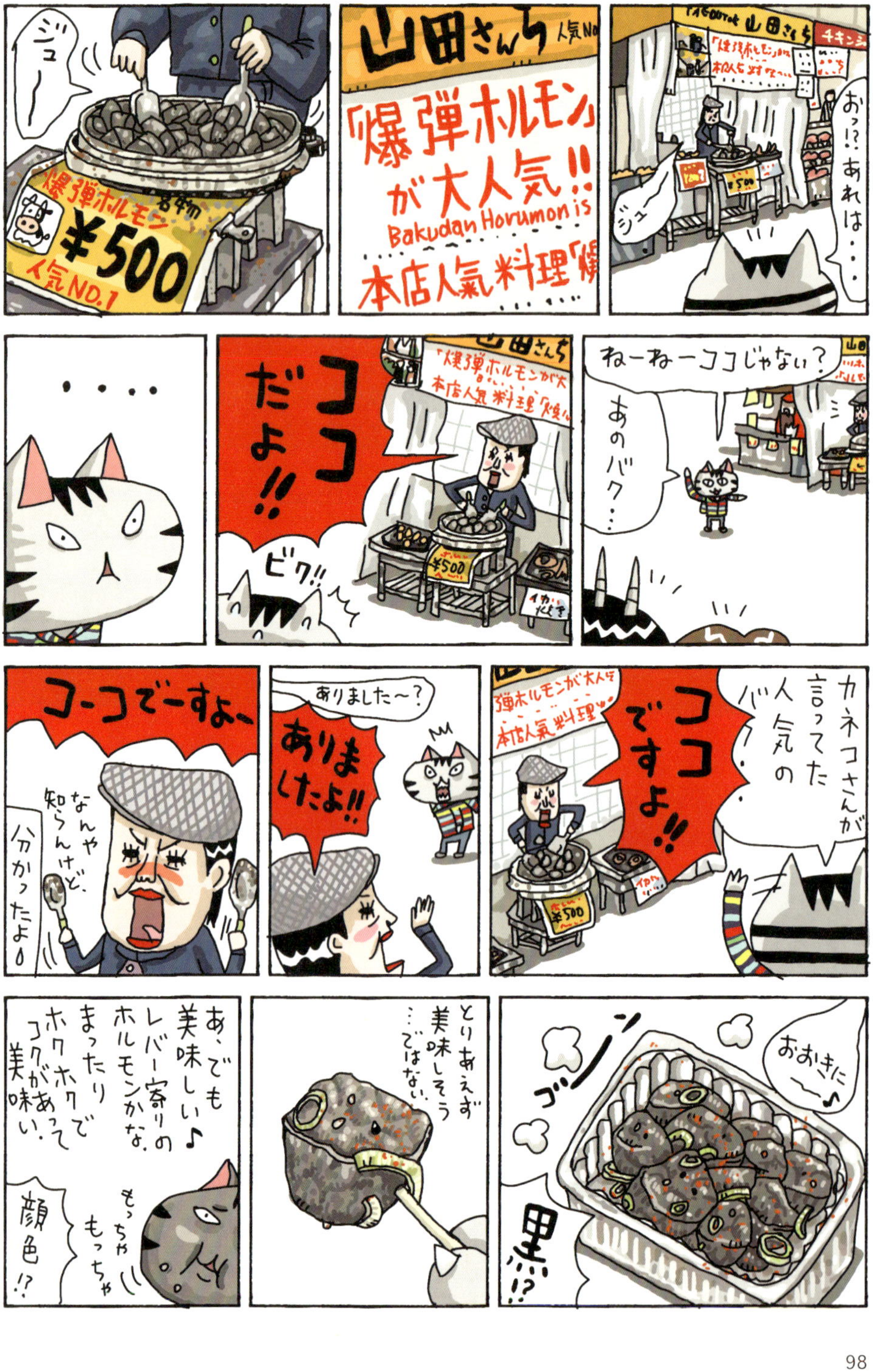

山田さんち 人気No
「爆弾ホルモン」が大人気!!
Bakudan Horumon is
本店人氣料理「爆
ジュ〜
爆弾ホルモン 名物 ¥500 人気NO.1
おっ!? あれは・・・
ジュー
・・・・・
ココだよ!!
ビク!!
ねーねーココじゃない?
あのバク・・・
コーコでーすよー
なんや知らんけど、分かったよ♪
ありました〜?
ありましたよ!!
カネコさんが言ってた人気のバ・・・
ココですよ!!
おおきに〜♪
ゴン
黒!?
とりあえず美味しそう・・・ではない・・・
あ、でも美味しい♪
レバー寄りのホルモンかな。まったりホクホクでコクがあって美味い。
もっちゃもっちゃ
顔色!?

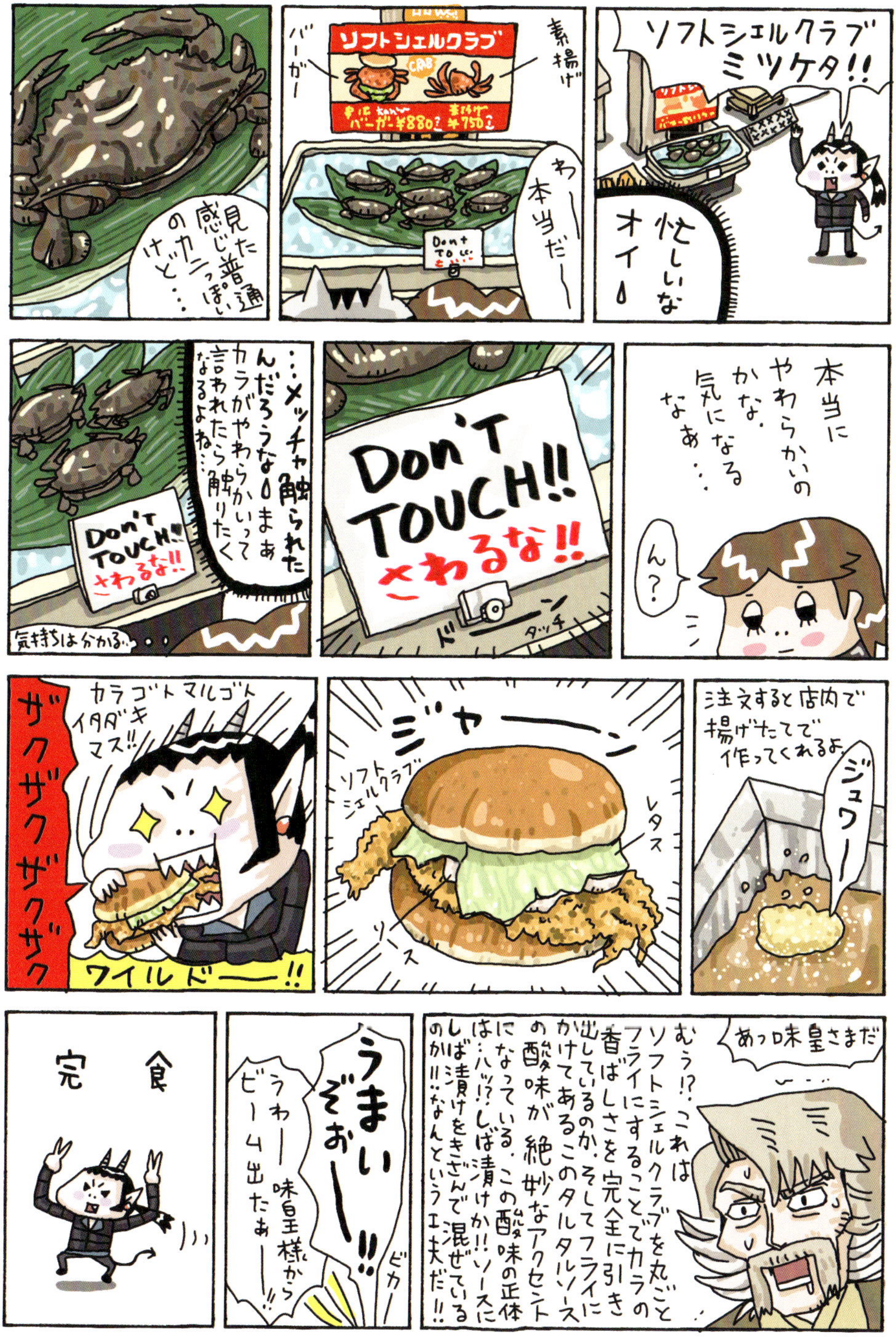
ソフトシェルクラブ ミツケタ!!
忙しいなオイ
ソフトシェルクラブ
バーガー
素揚げ
バーガー¥880
素揚げ¥750
わー本当だー
見た感じ普通のカニっぽいけど…
本当にやわらかいのかな、気になるなあ…
ん？
Don't TOUCH!!
さわるな!!
ドーーーン
タッチ
…メッチャ触られたんだろうな まあカラがやわらかいって言われたら触りたくなるよね…
気持ちは分かる…
注文すると店内で揚げたてで作ってくれるよ。
ジュワー
ジャーーーン
ソフトシェルクラブ
レタス
ソース
カラゴトマルゴトイタダキマス!!
ザクザクザクザク
ワイルドーー!!
あっ味皇さまだ
むう!?これはソフトシェルクラブを丸ごとフライにすることでカラの香ばしさを完全に引き出しているのか。そしてフライにかけてあるこのタルタルソースの酸味が絶妙なアクセントになっている。この酸味の正体は…ハッ!?しば漬けか!!ソースにしば漬けをきざんで混ぜているのか!!なんという工夫だ!!
うまいぞぉーー!!
うわー味皇様からビーム出たぁーー!!
ビカー
完食

黒門市場の中には食べ物以外のお店もたくさんあります。
これは何を売ってるお店かな?。
カサ屋?中古かな?
ZOJIRUSHI TIGER その他 洗浄済み
あ、カサだけじゃなかった。水筒とかも売ってるね。
リサイクル市ですかねー…
そうだねー 店内も…
ゴゴゴゴゴ
鉄道忘れ物市
え?
ドーン
鉄道忘れ物市
テッドーーン
えええー!!?
わ、忘れ物市!?
マジで??そもそも売って良いの??人の忘れ物
さ、さあ…どうなんですかねえ…
じゃあコレ全部…
忘れ物
忘れ物
忘れ物
忘れ物
SONY その他 イヤホン¥200~
サングラス
説明しよう!!
調べてビックリ、電車の忘れ物は3ヶ月持ち主が現れないと鉄道会社のものになるらしい。それをリサイクル業者が買い取って激安で売っているのがこの鉄道忘れ物市なのだ!!しかも元が人の忘れ物だけにアウトレットなど目じゃないくらい安いらしいですよ奥さん!!カサとか10円ですって!!ダンナのカサにいかが?
休けい中
黒門市場のやきソバだけに麺もまっ黒とはこれいかに。イカスミだけにいかにと…
菌…
黒門市場色々盛りだくさんで美味しかったですね。
個人的には鉄道忘れ物市の衝撃が市場を席巻したけどな。

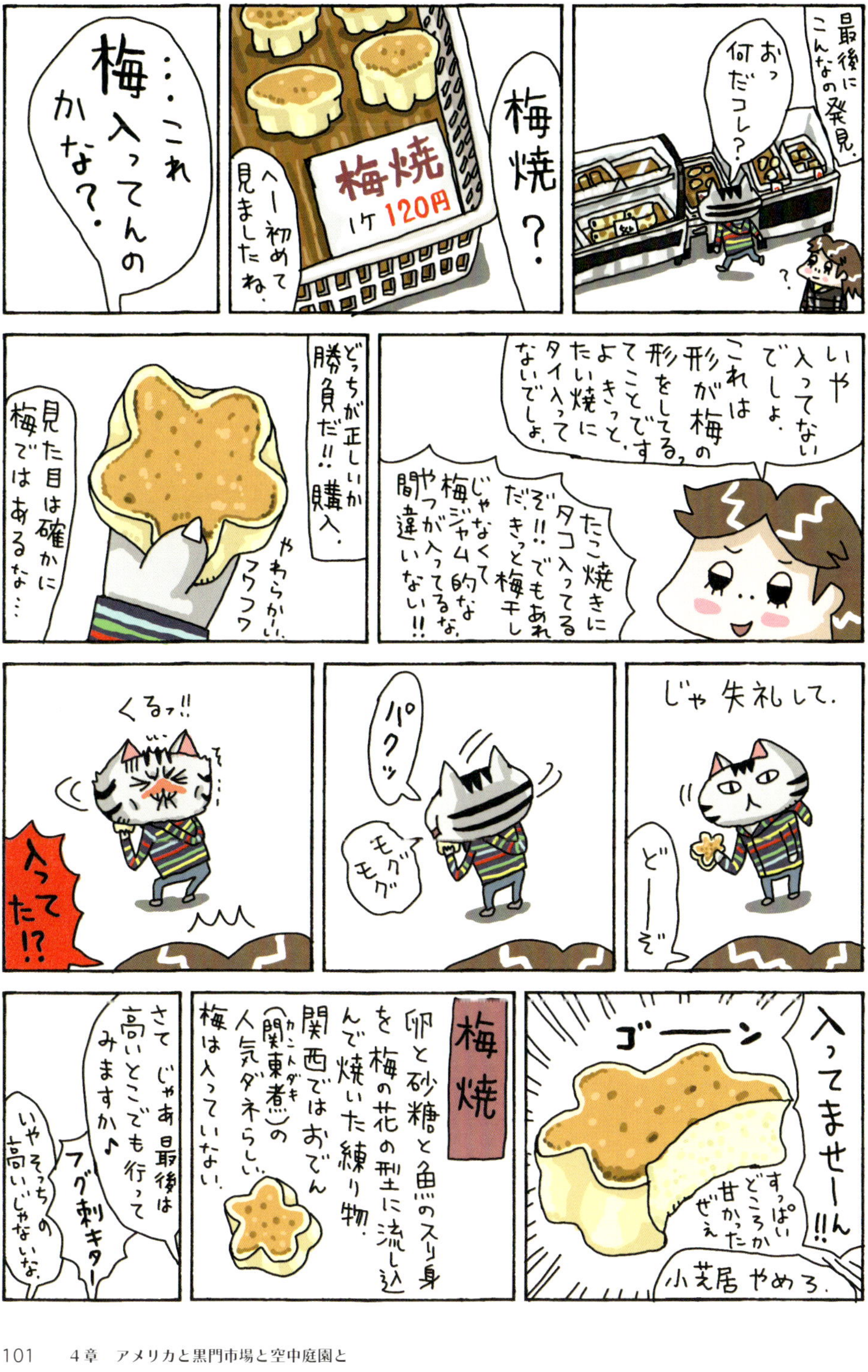
最後にこんなの発見。
おっ何だコレ?
?
梅焼?
梅焼
1ケ 120円
へー初めて見ましたね。
…これ梅入ってんのかな?
いや入ってないでしょ。これは形が梅の形をしてるってことですよきっと。たい焼にタイ入ってないでしょ。
たこ焼きにタコ入ってるだろ!! でもあれきっと梅干しじゃなくて梅ジャム的なやつが入ってるな。間違いない!!
どっちが正しいか勝負だ!! 購入。
見た目は確かに梅ではあるな…
やわらかい。フワフワ
じゃ失礼して。
どーーぞ
パクッ
モグモグ
くるっ!!
入ってた!?
入ってませーん!!
ゴーーン
すっぱいどころか甘かったぜぇ
小芝居やめろ。
梅焼
卵と砂糖と魚のスリ身を梅の花の型に流し込んで焼いた練り物。関西ではおでん(関東煮《かんとだき》)の人気ダネらしい。梅は入っていない。
さてじゃあ最後は高いとこでも行ってみますか♪
フグ刺キター
いやそっちの高いじゃないな。

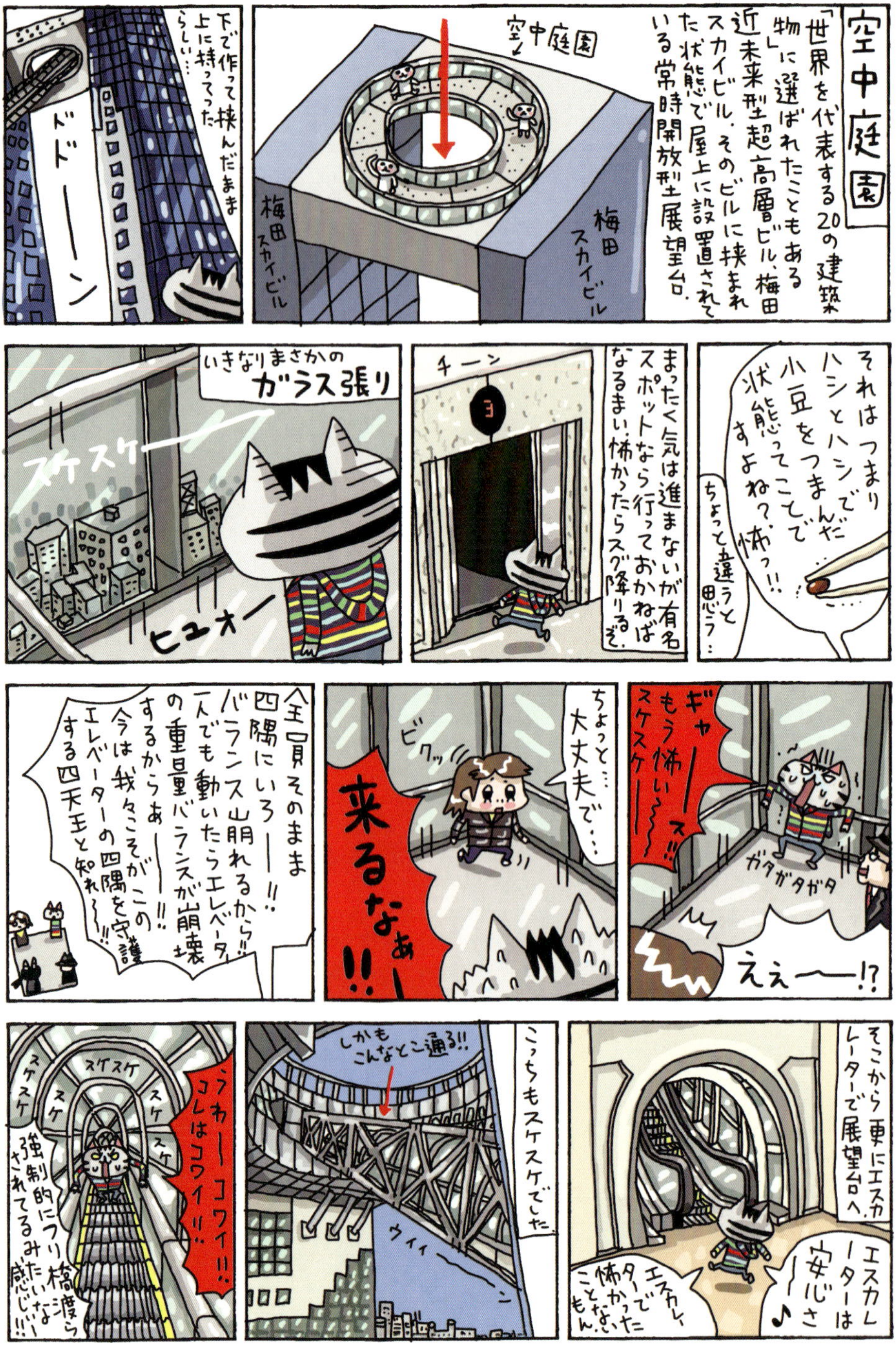
空中庭園
「世界を代表する20の建築物」に選ばれたこともある近未来型超高層ビル、梅田スカイビル。そのビルに挟まれた状態で屋上に設置されている常時開放型展望台。
空中庭園
梅田スカイビル
梅田スカイビル
下で作って挟んだまま上に持ってったらしい…
ドドーーン
それはつまりハシとハシで小豆をつまんだ状態ってことですよね？怖っ!!
ちょっと違うと思う…
まったく気は進まないが有名スポットなら行っておかねばなるまい怖かったらスグ降りるぞ。
チーン
いきなりまさかのガラス張り
スケスケー
ヒュオー
ギャーース!!
もう怖い〜〜
スケスケーー
ガタガタガタ
えぇーー!?
ちょっと…大丈夫で…
ビクッ
来るなぁ!!
全員そのまま四隅にいろーー!! バランス崩れるから!! 一人でも動いたらエレベータの重量バランスが崩壊するからぁーー!!
今は我々こそがこのエレベーターの四隅を守護する四天王と知れ〜〜!!
そこから更にエスカレーターで展望台へ
エスカレーターは安心さ〜♪
エスカレーターで怖かったことないもん。
こっちもスケスケでした。
しかもこんなとこ通る!!
ウィィ
うわーーコワイ!! コレはコワイ!!
スケスケ
スケスケ
スケ
スケ
スケ
強制的につり橋渡らされてるみたいな感じ!!!

空中庭園展望台屋上
FLOATING GARDEN OBSERVA
ビュオォ〜
これ風に飛ばされたら落ちるよね?
ビュ〜
ブォ〜
今ココ
地上173m
あ〜あぁ
♪
ちらっ
外側はダメだ!!
内側に貼りつけ!!
ダダダ
ビタァ〜
ヒュオ〜
内側もスケスケじゃ〜い。
ヒィ〜
救いが無い!!
ホーッホッホッホッホ
いかがでしたか第2回大阪取材の旅。
この後ボンさんの強い要望で我々は東京へ帰ります。
高い所が苦手なボンさんは大喜びですが
彼は昇る時に乗ったスケスケエレベーターとエスカレーターに乗らないと降りられないことに気づいているんでしょうかねえ
オーホッホ…
ドーン
おわり

他にもこんな看板を見た.

なかなかの迫力です.
真下にいくと
寿司をたたきつけら
れてペシャンコに
されそう.
確認してないけど
多分お寿司屋さん.
(この看板でお寿司屋
じゃなかったら逆に
スゴイわ)

フグの看板.
づぼらやのと違って~~毒々しい~~生々しい
柄をしている.
でもきっと大丈夫♪

木彫りっぽいカメ.
隣にツルもいた.
結構なデカさ
だったから本物の
木じゃないと思うん
だけど どうかな〜.
色が派手な看板
が多い大阪で逆に
質感でアピールして
上手く目立っている看板でした.

金龍ラーメンの看板.
7杯ラーメンを完食すると
どんな願いも1つだけ
叶えてくれるといいのにな…
でも7杯は無理かぁ…
でもどんな願いもっていわれたら
頑張れそうな気もするけど
いやでも7杯はちょっと多過ぎるかな〜…せめて…

シェンロン!!
締め切りをのばしてくれ〜!!

他にもこんな粉もんを食べた。

粉もんとは小麦粉を
主原料とした料理の
ことである。代表的なのは
たこ焼きとか
お好み焼きとか。

ちょぼ焼き 141円

たこ焼きのルーツ的な
食べ物らしい。ポコポコ
してるが1個ずつには
分かれていない。
具はたこじゃなくて
コンニャクや紅しょうが。

キャベツ焼き 140円

肉の入ってないお好み焼き?
シンプルだがキャベツが
甘くて美味しい。

いか焼き 152円

阪神百貨店名物。
いつも行列がズラリ。
いかがゴロンゴロン入ってる
わけじゃないがシンプル
でモチモチしてて
美味しい。

うなぎ焼き

黒門市場で食べた。
名前の通りたこの代わりにうなぎが
入ったたこ焼き。
いやうなぎ焼き。

デラバン 206円

同じく阪神百貨店。
いか焼きに卵が入ったバージョン。
つまりデラックス版らしい。

The Photo Gallery

梅田スカイビルは、未来っぽくてなんだかカッコイイ。屋上が空中庭園で途中が透け透けエスカレーターなのも楽しい。ボンくんは意外にも「行く！」と自ら宣言してたし、屋上もぐるっと一周してたし、がんばったね。

黒門市場は外国人のお客さんで賑わっていて圧倒されちゃった。

今日も地下鉄を乗り継いで。

朝食は喫茶店で。大阪は素敵レトロな喫茶店がたくさんで、つい立ち寄りたくなるのよね。

アメリカ村でロングなものとか食べて、黒門市場でカニやふぐまんやら買い食い。帰り際に梅田でお土産買って、イカ焼きとかラジオ焼きも食べて、ミックスジュース飲んで、新幹線でお弁当とデザート食べて…。取材の度に体重が増えるわけだよね…。

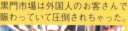

暑さと
太郎と
万博と

5章

7月12日 新大阪駅
地下のお好み焼き屋さん
ガッガッガッ
ガッガッ
ガッ
ねぎ焼き
生地にたっぷりのネギを混ぜ合わせて焼いたお好み焼き
つぶした目玉焼きがアクセント。
やきソバはオマケ。広島風じゃないよ。
ハイドーモー またまたやって来ました3度目の大阪でございまーす。今回最後の取材なんでみんな頑張っていこかな～と思ってますさかいヨロシク。
そして今回また雨が降りそうなんですが大丈夫でしょうか編集長って。
大丈夫大丈夫♪ ボク晴れ男だから。
今回のゲスト
主婦と生活社編集長
トノツカさん
前回までのゲストサイトウさんに替わり最終取材に参加していただくのはラスボス編集長トノツカさん。
カワイイキャラクター満載の絵本雑誌「ね～ね～」を手がける。
あと旅ボンもお世話になっておりますデヘヘ。
そんなキャワユイキャラを専門としながらも怪獣特撮ヒーローへの造詣が深く
その点ではボンボヤさんとは同好の士と言える。
だがそのマニアな受け皿に味をしめたのか新刊を作るたびにうちの作家のアニメ特撮パロディネタがどんどんエスカレートしている…
あの～ココのビオランテって何ですか？ 伝わるかなぁ読者に…
えー そんなのも知らないの？
コハー
レンポーン シロイアクマトハナンデスカ？
そんなのトノツカさんなら絶対知ってるよ!!
あとこの藤岡弘、のくだり分かりづらいんで直してもらっても…
大丈夫、トノツカさんには伝わるから。
読者に伝わるよう描いてくれる？
ハァ

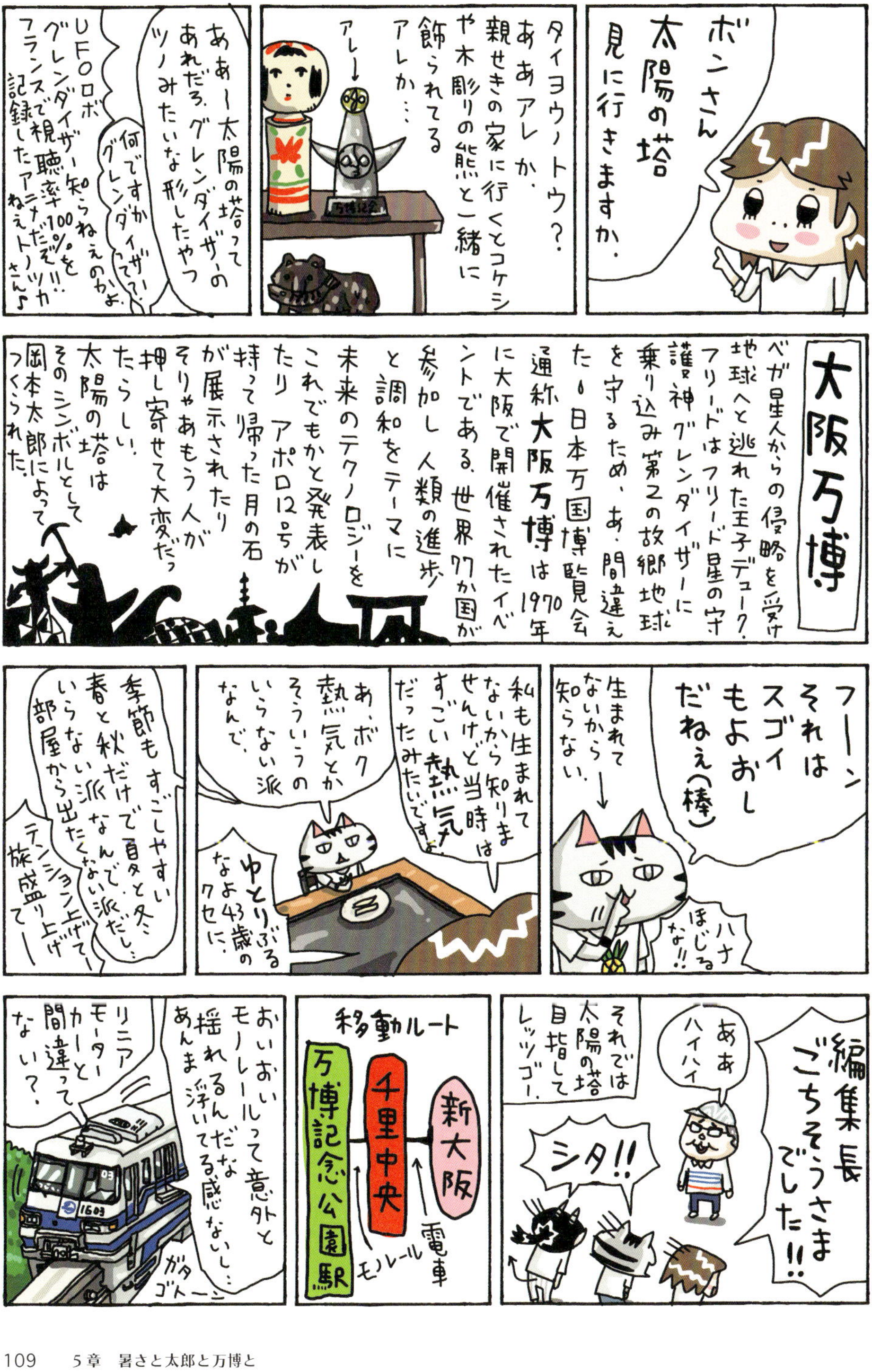
ボンさん
太陽の塔
見に行きますか。
タイヨウノトウ?
ああアレか、
親せきの家に行くとコケシや木彫りの熊と一緒に飾られてるアレか……
アレ→
ああ〜太陽の塔って
あれだろ、グレンダイザーのツノみたいな形したやつ
何ですかグレンダイザーって
UFOロボグレンダイザー知らねえのかよ
フランスで視聴率100%を記録したアニメだぞ!!
ねえトノツカさん♪
大阪万博
ベガ星人からの侵略を受け地球へと逃れた王子デューク・フリードはフリード星の守護神グレンダイザーに乗り込み第2の故郷地球を守るため、あ、間違えた。日本万国博覧会通称大阪万博は1970年に大阪で開催されたイベントである。世界77か国が参加し人類の進歩と調和をテーマに未来のテクノロジーをこれでもかと発表したりアポロ12号が持って帰った月の石が展示されたりそりゃあもう人が押し寄せて大変だったらしい!
太陽の塔はそのシンボルとして岡本太郎によってつくられた。
フーン
それはスゴイもよおしだねえ(棒)
生まれてないから知らない。
ハナほじるな!!
私も生まれてないから知りませんけど当時はすごい熱気だったみたいですよ
あ、ボク熱気とかそういうのいらない派なんで。
ゆとりぶるなよ43歳のクセに。
季節もすごしやすい春と秋だけでいい夏と冬いらない派なんで。部屋から出たくない派だし。
テンション上げて〜
旅盛り上げて〜
編集長ごちそうさまでした!!
ああハイハイ
それでは太陽の塔目指してレッツゴー。
シタ!!
移動ルート
新大阪
電車
千里中央
モノレール
万博記念公園駅
おいおいモノレールって意外と揺れるんだな
あんま浮いてる感ないし…
リニアモーターカーと間違ってない?
ガタゴトーン

大阪モノレール
万博記念公園駅
しかしあっついね～。
って何だありゃ!?
ドーーン
ビクッ!!
何アレ 山から突き出てんじゃん!? ちょっとした怪獣サイズじゃん!!
あ…あんなデカいの? 太郎ってあんな巨大だったの?
見た目もアレだし対ゴジラ兵器かと思ったよ。
太郎じゃねえから。太陽の塔だから。
知らなかった、太郎があんな巨大だったとは。てっきり公園の遊具ぐらいの大きさだろうとばかり思っていたよ…。
このくらい
(注)これはボンボヤさんのイメージです。本物とは若干異なる場合がございます。あと太郎じゃなくて太陽の塔でございます。
ゴハンめ
今回は人気のエキスポシティには目もくれず太陽の塔へ行くぜ!
EXPO'70パビリオン
太陽の塔
エキスポシティ
ニフレル
NIFREL
モノレール駅
ハッ ハッ
フゥ
フゥ
フゥ
ハァ
ハァ
ダラダラダラ
フキ フキ フキ
モワ～～
この日の湿度なんと94% 雨男ボンボヤージュと晴れ男トーツカ編集長のギリギリの戦いは雨でもなく晴れでもなくモーレツな湿気を呼んだ。
…しかしアレだな …暑いな…
ムワ～
暑いですよね…
うん暑いね…
モワ～
アツイイ…
水泳の北島コースケ風に言うなら暑過ぎてなんも言えねえ!!

入園ゲート前
なんかもう見えてる。
ミエテル
出口
入園料大人250円。
入園券にはもちろん太陽の塔。
入園券 C03-057541
自然文化園・日本庭園
大人 250円
28.07.1213:41 有効
湿度94%の仕組み大図解
モワ〜
ピカー
ジュワー
ザー
ムゥー!!
ハァー!!
ドーーン
・・・で
ご到着
ズンズンドッコズンズンドッコ…
すでにデカい。十分デカいけどまだ広場を挟んでの大きさなので
目の前まで行ってモノホンのサイズってヤツを体感してやるか。
太陽の広場
入口
今ココ

でっかっ!!
こちら先っちょの鳥顔?いや仮面か。ゴールドです。ピカピカでーす。
避雷針
目にはサーチライト。
こちらおなじみメインの顔?イカついわ〜。口とがらせてるわー
有名ロボ達とのサイズ比較
太陽の塔
70m
連邦の白いアクマ
18m
自由の女神
46m

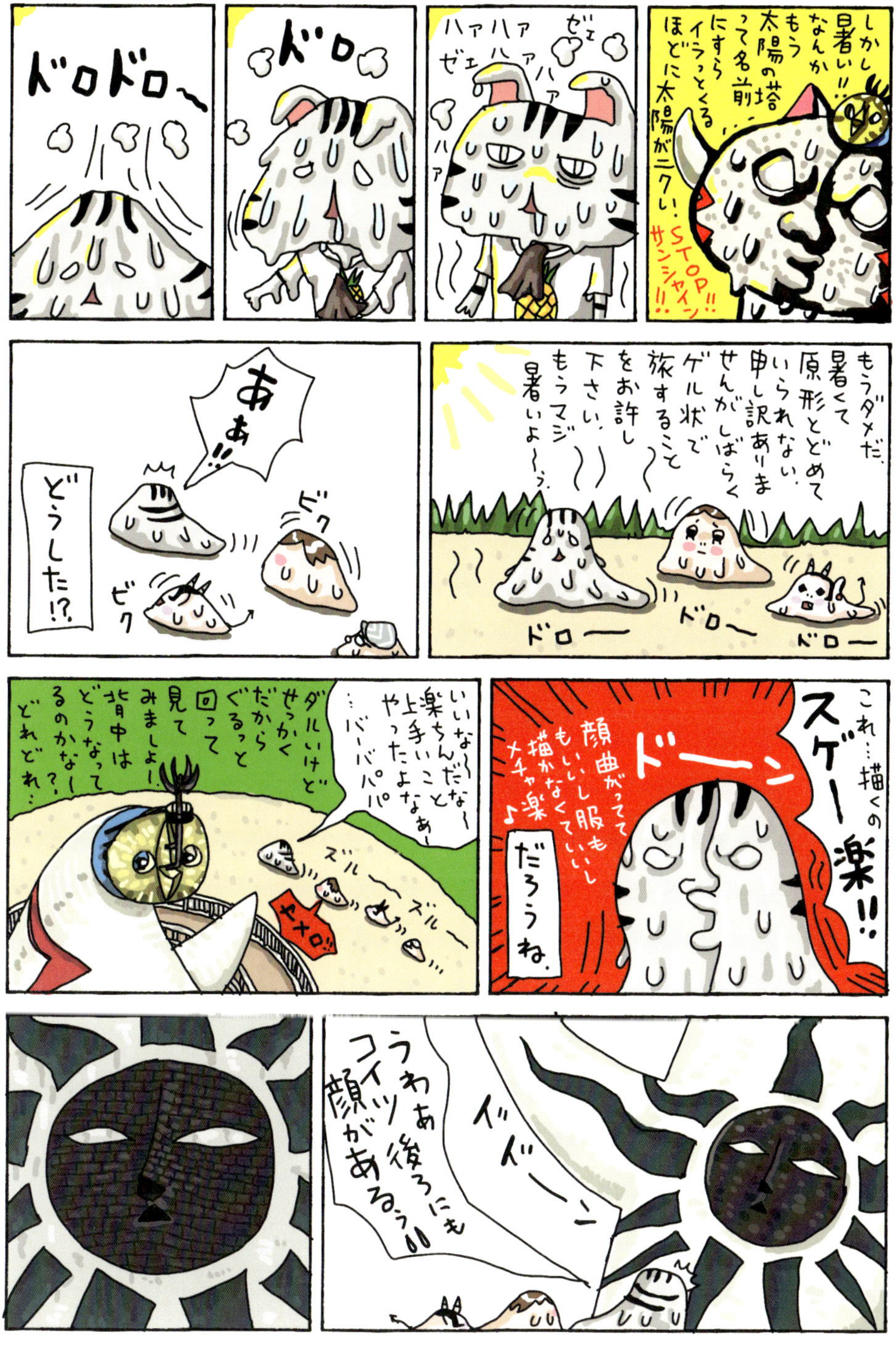
しかし暑い!!
なんかもう太陽の塔って名前にすらイラっとくるほどに太陽がニクい!
STOP!! サンシャイン!!
ハァハァ ぜェ ぜェハァハァ ハァ
ドロ
ドロドロ〜
もうダメだ、暑くて原形とどめていられない。申し訳ありませんがしばらくゲル状で旅することをお許し下さい。もうマジ暑いよ〜っ。
ドロー ドロ〜 ドロー
ああ!!
ビク ビク
どうした!?
これ…描くのスゲー楽!!
ドーン
顔曲がってても いいし服も描かなくていいしメチャ楽♪
だろうね。
いいな〜楽ちんだな〜上手いことやったよなぁ〜
…バーバパパ
ダルいけどせっかくだからぐるっと回って見てみましょー!背中はどうなってるのかな〜?どれどれ…
ズル〜 ズル〜
ヤメロ!!
うわあコイツ後ろにも顔がある〜っ!!
ドドーン

太陽の塔の顔たち
黄金の顔
太陽の顔
黒い太陽
地底の太陽（行方不明）
岡本太郎の顔
太陽の塔は未来を象徴する黄金の顔、現在を象徴する太陽の顔、そして過去を象徴する黒い太陽という3つの顔を持ち、過去・現在・未来を貫いて生成する万物のエネルギーの象徴としてまた生命の中心、祭りの中心を示した巨大アート作品でありその天に向かってのびるデザインと・・・、
話が難しいのでスミっこに落書きしてみたわけじゃありませんがイラストは本文と一切関係ありません。
ビーム
キュイーーン
ギュルルル〜
ボボー
だ、だよね。そうだよね。つまり宇宙のエネルギーを感じるね。えーとそれはつまり進化を促すエネルギー…つまりゲッター線かな？
現代アートのみならず過去未来全てのアート芸術に精通していないヤツ
お祭り広場
ここで開会式とかやってたんだって。
イガイトセマイナ。
当時は屋根があったらしくその一部が残っています。
おい バレーボールはさまってるぞあそこ。
しつこいようだけど本当に暑いの!!
万博当時は広場全体が屋根で覆われてたんですってよ。
フーーン そうなんだ〜。しかし暑いね…
それよりバレーボールが気になって
もう何見ても暑いと誰もがブーたれる中、一人楽しげな人アリ。
あ〜そうそう あそこあんなだったな〜 懐かしいな〜♪
パシャ パシャ
今回のメンバー最年長。編集長トノツカさん
大阪万博当時8歳。そしてメンバー内唯一の生きた万博参加者!!

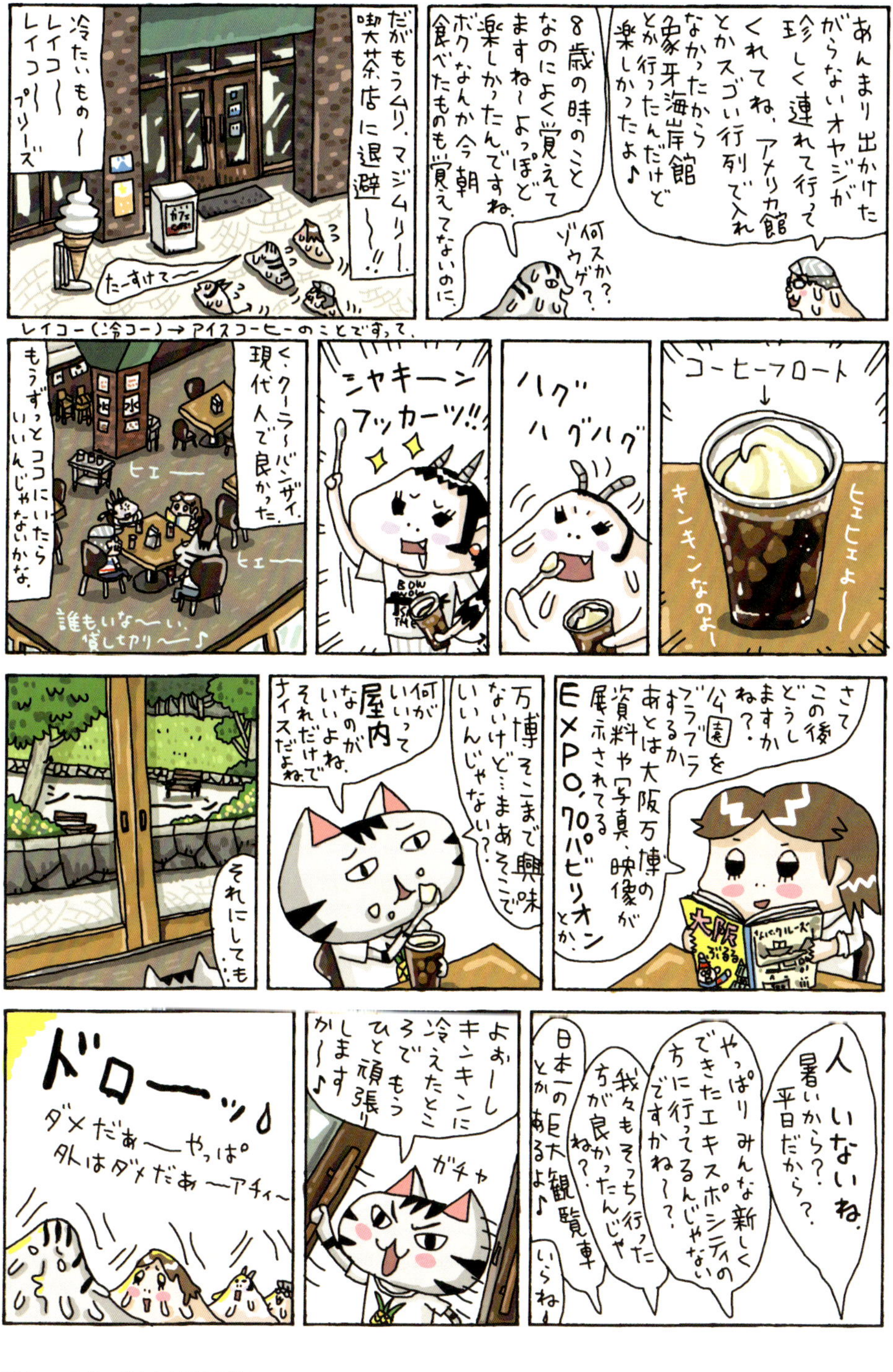

あんまり出かけたがらないオヤジが珍しく連れて行ってくれてね、アメリカ館とかスゴい行列で入れなかったから象牙海岸館とか行ったんだけど楽しかったよ♪
何スか？ゾウゲ？
8歳の時のことなのによく覚えてますね〜よっぽど楽しかったんですね。ボクなんか今朝食べたものも覚えてないのに。
だがもうムリ。マジムリ〜。喫茶店に退避〜〜!!
冷たいもの〜 レイコ〜〜 レイコプリーズ
た〜すけて〜〜
レイコー（冷コー）→アイスコーヒーのことですって。
コーヒーフロート
ヒェヒェよ〜
キンキンなのよ〜
ハグハグハグ
シャキーン フッカーツ!!
く、クーラ〜バンザイ。現代人で良かった。
もうずっとココにいたらいいんじゃないかな。
ヒェ〜〜
ヒェ〜〜
誰もいな〜い、貸し切り〜〜♪
さてこの後どうしますかね？ 公園をブラブラするか あとは大阪万博の資料や写真、映像が展示されてるEXPO'70パビリオンとか。
万博そこまで興味ないけど…まあそこでいいんじゃない？
何がいいって屋内なのがいいよね。それだけでナイスだよね。
シ〜ン
それにしても…
人いないね。暑いから？平日だから？
やっぱりみんな新しくできたエキスポシティの方に行ってるんじゃないですかね〜？
我々もそっち行った方が良かったんじゃね？
日本一の巨大観覧車とかあるよ♪
いらね。
よお〜し キンキンに冷えたところでもうひと頑張りしますか〜♪
ガチャ
ドロ〜ッ
ダメだぁ〜 やっぱ外はダメだぁ〜 アチィ〜

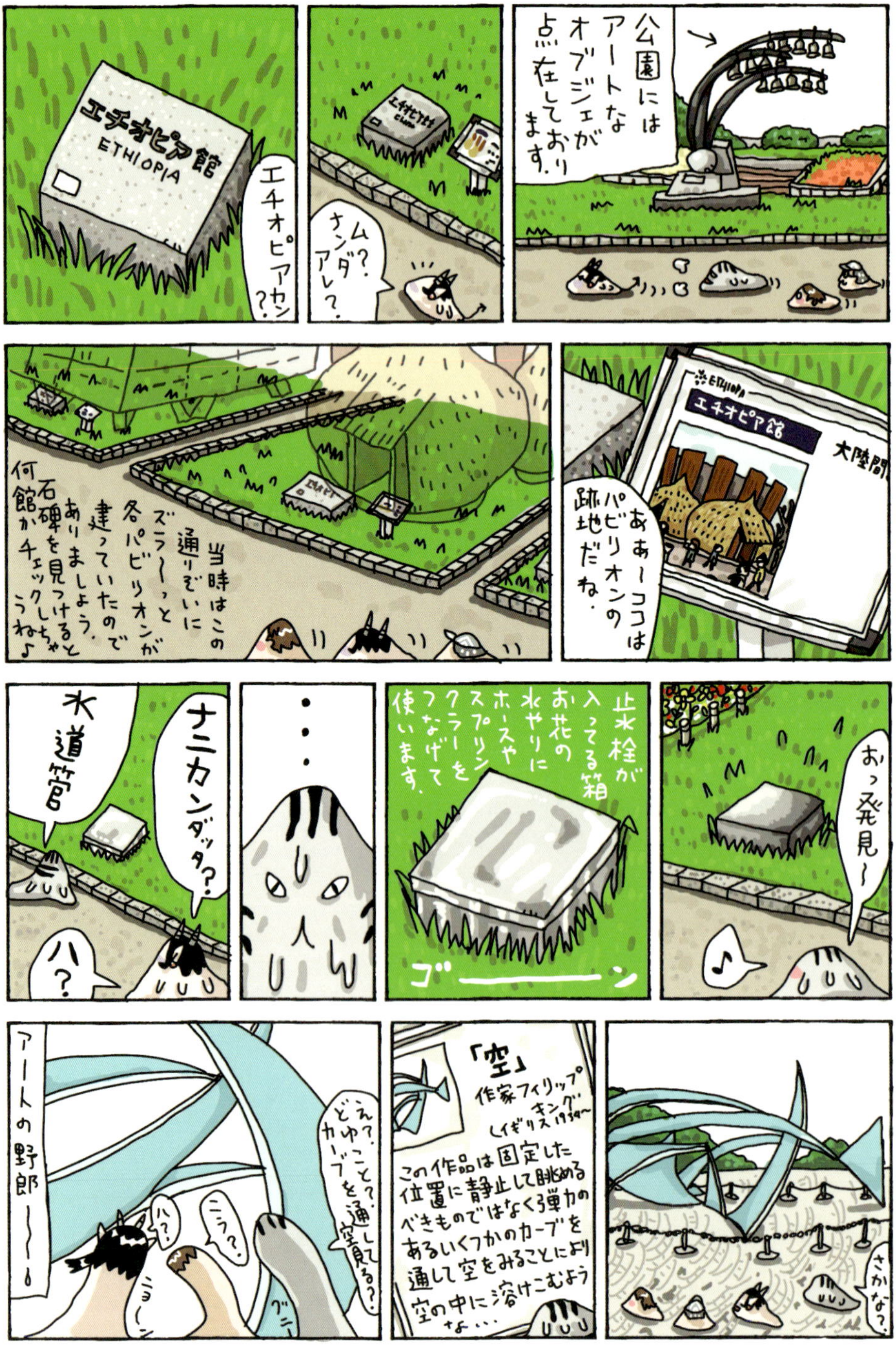

公園にはアートなオブジェが点在しております。
ムム?ナンダアレ?
エチオピアカン?
エチオピア館
ETHIOPIA
あぁ～ココはパビリオンの跡地だね。
エチオピア館
大陸間
当時はこの通りぞいにズラ～っと各パビリオンが建っていたので石碑を見つけるとチェックしちゃう何館かありましょうね♪
おっ発見～
♪
止水栓が入ってる箱お花の水やりにホースやスプリンクラーをつなげて使います。
ゴーーーン
・・・
ナニカンダッタ?
水道管
ハ?
さかな?
「空」
作家フィリップ・キング
(イギリス 1934～)
この作品は固定した位置に静止して眺めるべきものではなく弾力のあるいくつかのカーブを通して空をみることにより空の中に溶けこむような・・・
えっ?どゆこと?カーブを通して空見てる?
こう?
ハ?
ニョ～ン
グニ～
アートの野郎～～～!

大阪万博の記念館
EXPO'70 パビリオン
ココですね。
レトロモダ〜ンな
お姉さんパネル
いざ入場〜
いらっしゃいませ〜
ドーモー
EXPO'70 パビリオン
パビリオン記念スタンプ
万博当時、来館記念として置かれていたスタンプ
おっスタンプ発見
当時のですね。
よーし とりあえず
全8種 押しとくか──!!
ドン!!
やるよね〜
パッ
人類の進歩と調和
EXPO'70
日本万国博
昭和45年3月15日→9月13日
あっ
ゴーーン
あーあ 向き確認しないと〜
よーしキレイに押せた
なんだろう…記念スタンプってやっちゃうよね〜
持って帰ってもどっか行っちゃうのにやっちゃうよね〜
それ終ったら代見して
よし!!コンプリート♪
バッ!!

これが万博記念スタンプだっ!!
日本万国博
EXPO'70
昭和45年3月15日→9月13日
EXPO'70
人類の進歩と調和
JAPAN WORLD EXPOSITION
EXPO'70
テーマ館入場記念
EXPO'70
MONORAIL
万国博美術館
EXPO MUSEUM OF FINE ARTS
シンボルゾーン
EXPO'70
PROGRESS AND HARMONY FOR MANKIND
世界の知恵で未来を拓く
エキスポ'70
入場記念

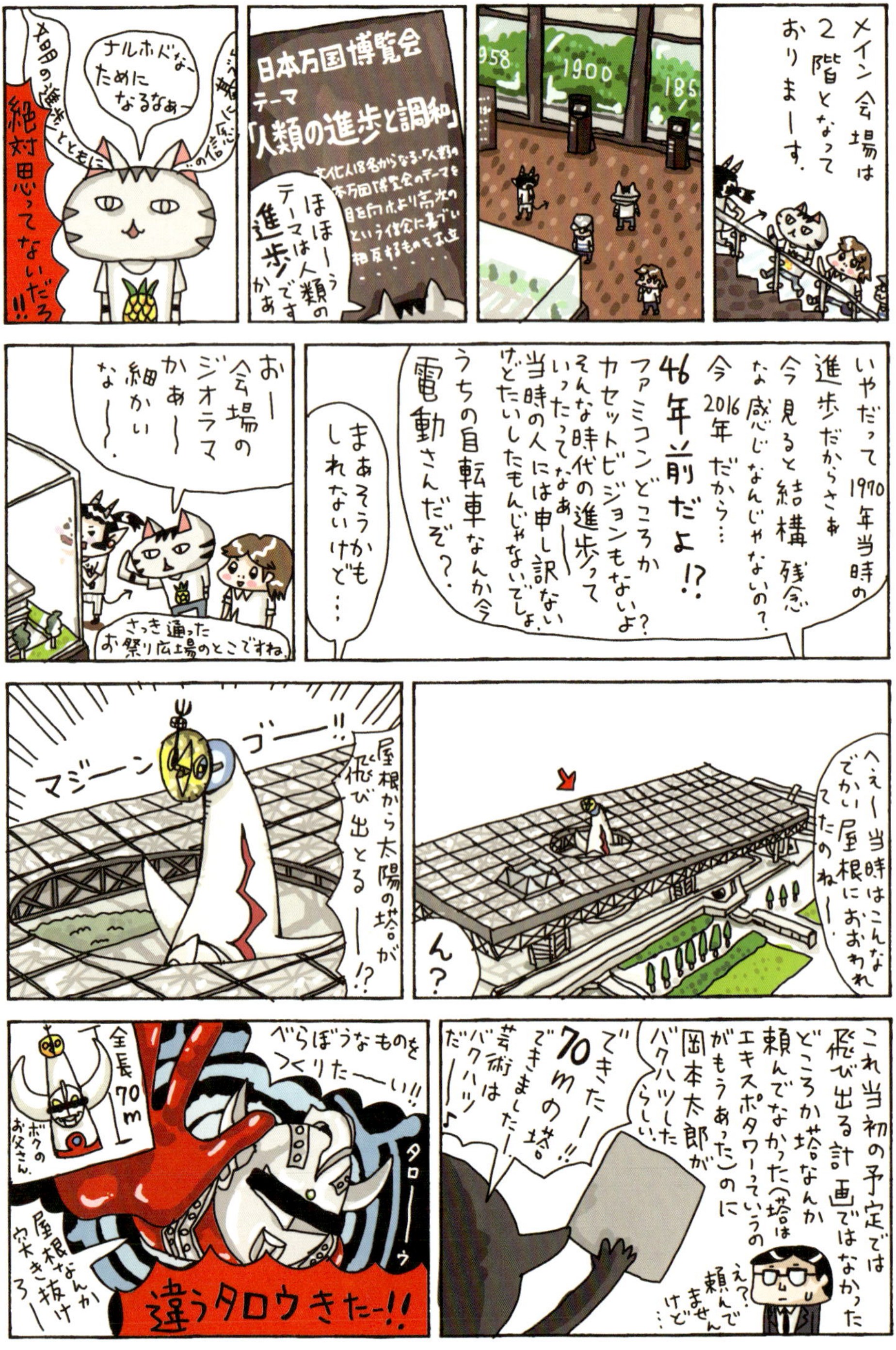

メイン会場は2階となっておりまーす.
1958
1900
185
日本万国博覧会
テーマ
「人類の進歩と調和」
文化人18名からなる「人類の
本万国博覧会のテーマを
目を向けより高次の
という信念に基づい
相反するものを立
ほほーう テーマは人類の進歩ですかぁ
ナルホドなー ためになるなぁ〜
文明の進歩とともに
…の信念
絶対思ってないだろ!!
いやだって1970年当時の進歩だからさぁ 今見ると結構残念な感じなんじゃないの?
今2016年だから… 46年前だよ!?
ファミコンどころかカセットビジョンもないよ?
そんな時代の進歩っていったってなぁー
当時の人には申し訳ないけどたいしたもんじゃないでしょ.
うちの自転車なんか今電動さんだぞ?
まぁそうかもしれないけど…
おー会場のジオラマかぁ〜 細かいなー〜.
さっき通ったお祭り広場のとこですね.
へぇ〜当時はこんなでかい屋根におおわれてたのねー.
ん?
屋根から太陽の塔が飛び出とるー!?
マジーンゴー!!
これ当初の予定では飛び出る計画ではなかったどころか塔なんか頼んでなかった(塔はエキスポタワーっていうのがもうあった)のに岡本太郎がバクハツしたらしい.
できたー!! 70mの塔できましたー
芸術はバクハツだー♪
え?頼んでませんけど…
べらぼうなものをつくりたーい!!
全長70m
ボクのお父さん.
タロ――ウ
屋根なんか突き抜けろー
違うタロウきたー!!

しかも当時の岡本太郎は万博のテーマを真っ向から否定。そもそもなんでこの人に頼んだのか…それでも「この人しかいない!!」って感じだったのかな。スゲーなタロウ。
人類は進歩なんかしていない。
ZATだけで怪獣と戦えるわけないでしょ!!
芸術はウルトラダイナマイトでしょ!!
父さんに言いつけるよ!!!
だからタロウが違ってるってば。
結局 屋根の設計者 丹下健三が譲って屋根をくり抜いてチチの塔…じゃなかった太陽の塔をズドンと突き抜けさせることになりました。
スポーン
ちなみに丹下健三さんは東京都庁とか設計したスゲー人です。
ヤッター いいんスか 丹下さん サイコーっス。
ああ 仕方ねぇ おめぇさんの好きなようにしたらいいさ。
実際は取っ組み合いの大ゲンカになったらしい…
やっぱチャンプ育てるような人は器がデケェよな。そうだろ?ジョー。
丹下も違ーう!!!
そしてメイン会場入口。なんだかスゴく赤いです。タロウだからか?(どっちのだよ!!)
うわー 赤いなあ ショッカーのアジトみてーだな
アカッ!!
中も赤っ!?
なんだ このただならぬ雰囲気は…
赤過ぎだろ〜
ゴクリ
それでは
いざ見学開始!!
1970年にタイムスリップよー
壁に万博当時の年代記が…
Chronicle
1969
いざなぎ景気…
モーレツブーム
タメゴロー流行
ニャロメ人気
1970
うーむ 生まれる3年前か。
スゲー ananが創刊だって!!
1970
「よど号」ハイジャック事件
アポロ13号爆発事故より
雑誌「anan」創刊
三島由紀夫クーデター失敗
割腹自殺
【物価】
初任給3万6700
ラーメン150円
ビール1本140円
タクシー…
なんかスゲー時代だな…
三島由紀夫とananが並んでる。

公式ポスター
EXPO'70
日本万国博覧会
大人800円に小人400円かぁ〜
日本万国博覧会
入場券販売店
当時の平均月収は5万円。
建設途中の太陽の塔の写真もあるよ。
でかーっ!?
見ろ!! 人がゴミのようだ…いや小さい!!
こんなデカかったのか先っちょのカオ…
施設の鍵(岡本太郎作)これで太陽の塔の開け閉めを!?(するか)
1mくらいある。
カギもでかっ!? ってこれウルトラキーじゃね?
もっかいタロウ呼んできて聞いてみるか!!
タローーウ!!
やめろ
ジィイー……
プロジェクターで当時の万博の開会式の映像が流されています。
人類の進歩と調和
PROGRESS AND HARMONY FOR
パァー
ジィイイ…—
開会式
開会式とか全校朝礼とかまったく興味がないヒト。
ジャ
ジャーーン

人類の進歩と調和
PROGRESS AND HARMONY FOR MANKIND
EXPO70
チャンチャチャチャー
チャンチャチャチャー♪
ブオー
巨大ロボット!!
RM
おわり
EXPO
見入ってしまった、いや
魅入ってしまった…
なんだこれ、
なんかスゴいぞこれ、
誰一人 カッコつけてない
というかシラけてないと
いうか全力で楽しんで
いるのがビシバシ伝わって
くる。
こんなの
見たこと
ないなあ…
…なんか
スゲーな…
…スゲェナ。
・・・・み

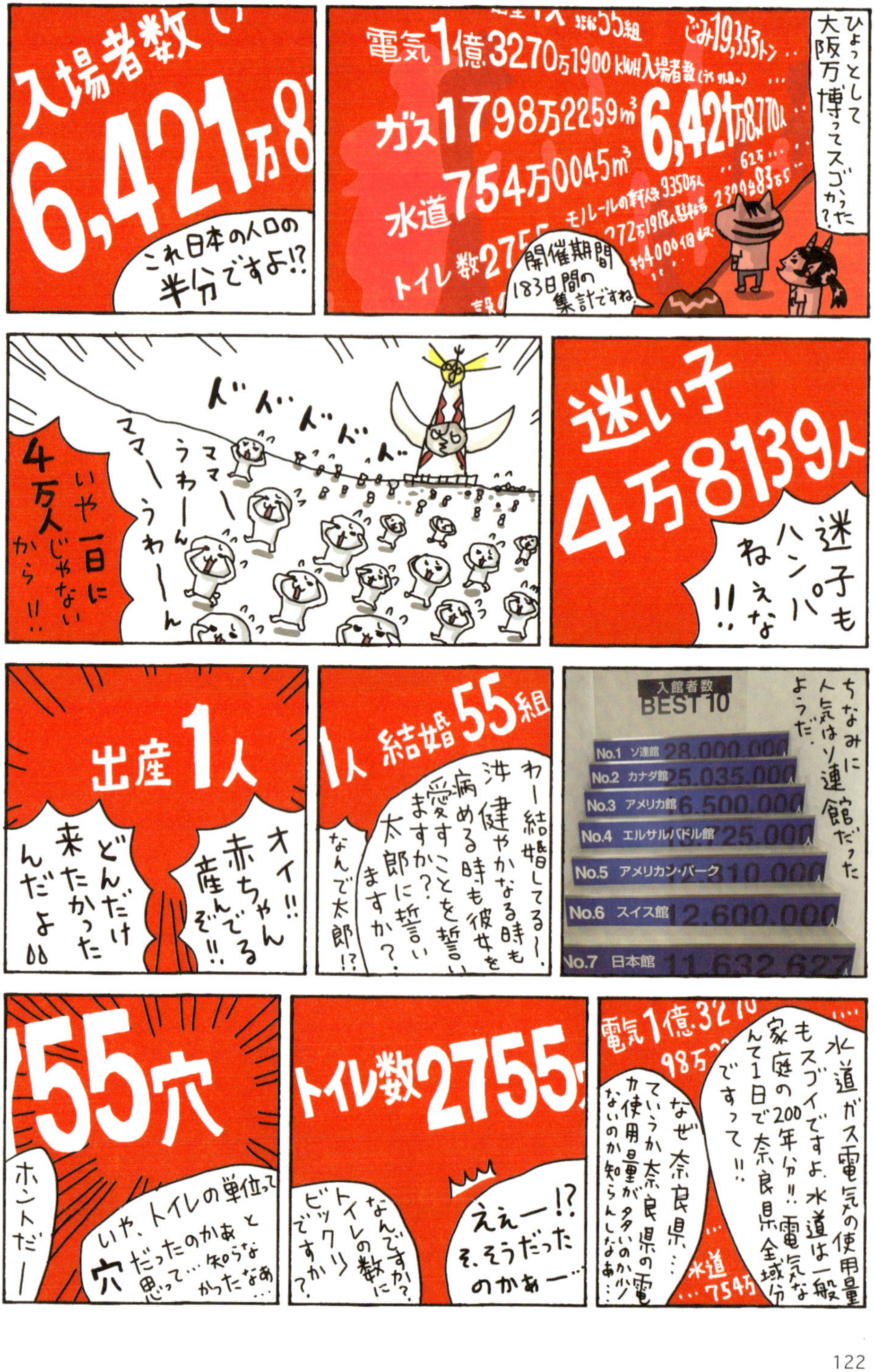
電気1億3270万1900kWH
入場者数
ごみ19,353トン
ガス1798万2259m³
6,421万8770人
水道754万0045m³
モノレールの乗車人数9350万人
トイレ数2755
ひょっとして大阪万博ってスゴかった?
開催期間183日間の集計ですね。
入場者数
6,421万8
これ日本の人口の半分ですよ!?
迷い子4万8139人
迷子もハンパねえな!!
ドドドドド
ママ〜うわーん
ママ〜うわ〜〜ん
いや一日に4万人じゃないから!!
入館者数 BEST 10
No.1 ソ連館 28,000,000
No.2 カナダ館 25,035,000
No.3 アメリカ館 16,500,000
No.4 エルサルバドル館
No.5 アメリカン・パーク
No.6 スイス館 12,600,000
No.7 日本館 11,632,627
ちなみに人気はソ連館だったようだ。
結婚55組
わー結婚してる〜!
汝健やかなる時も病める時も彼女を愛することを誓いますか? 太郎に誓いますか?
なんで太郎!?
出産1人
オイ!! 赤ちゃん産んでるぞ!!
どんだけ来たかったんだよ
電気1億3270
水道ガス電気の使用量もスゴイですよ。水道は一般家庭の200年分!! 電気なんて1日で奈良県全域分ですって!!
なぜ奈良県…
ていうか奈良県の電力使用量が多いのか少ないのか知らんしなあ…
水道…754万
トイレ数2755
ええー!? そ、そうだったのかあー
なんですか? トイレの数にビックリですか?
55穴
ホントだー
いや、トイレの単位って穴だったのかあと思って…知らなかったなあ…

いやー こりゃ相当の人ごみだったろうなあ… 迷子4万人見つかったのかな
ん？ 何だこれ
迷い子ワッペン
登録されたワッペンの6桁の番号でコンピュータが迷い子を照会、テレビ電話で親子の確認をした。
親 Parent
迷い子ワッペン
385611
子ども Child
ドーン
コンピュータで迷子を探してテレビ電話で本人確認だとう〜!?
迷い子ワッペンー!!
ジャーン
タラリラッタラ〜♪
親 Parent
迷い子ワッペン CHILD'S IQ TAG Minolta
361381
子ども Child
361381
完全に未来のひみつ道具じゃないか!!
モシャモシャ…このワッペンの上半分を…モグ…お父さんお母さんに…クチャ…下半分をお子さんにつけて…
ボリボリボリ
うまい棒食べながら説明するのヤメロ!! 色々巻き込もうとするんじゃない てか今日ヤバいヤツ出て来過ぎだぞ!!
でもホントこれスゴくない？ 未来感ハンパねぇな!! 実際のところワッペンの番号照会するなりワッペンに名前書いとけばテレビ電話でわざわざ本人確認する必要なんてないんだろうけど このテクノロジーのムダ使いがスバラシイ!! 効率よりもワクワク感優先♪ 楽しそうな時代だな〜
これ絶対当時テレビ電話やりたくてワザと迷子になったヤツいるだろ。 4万人のうち1万8千人はニセ迷子とみた!!
確かにちょっとやってみたい…
なんか良い時代ですね〜1970年♪ もちろん科学技術の進歩は今の時代にかなわないけど夢はあるでしょう
あ゛あ゛ー!!?

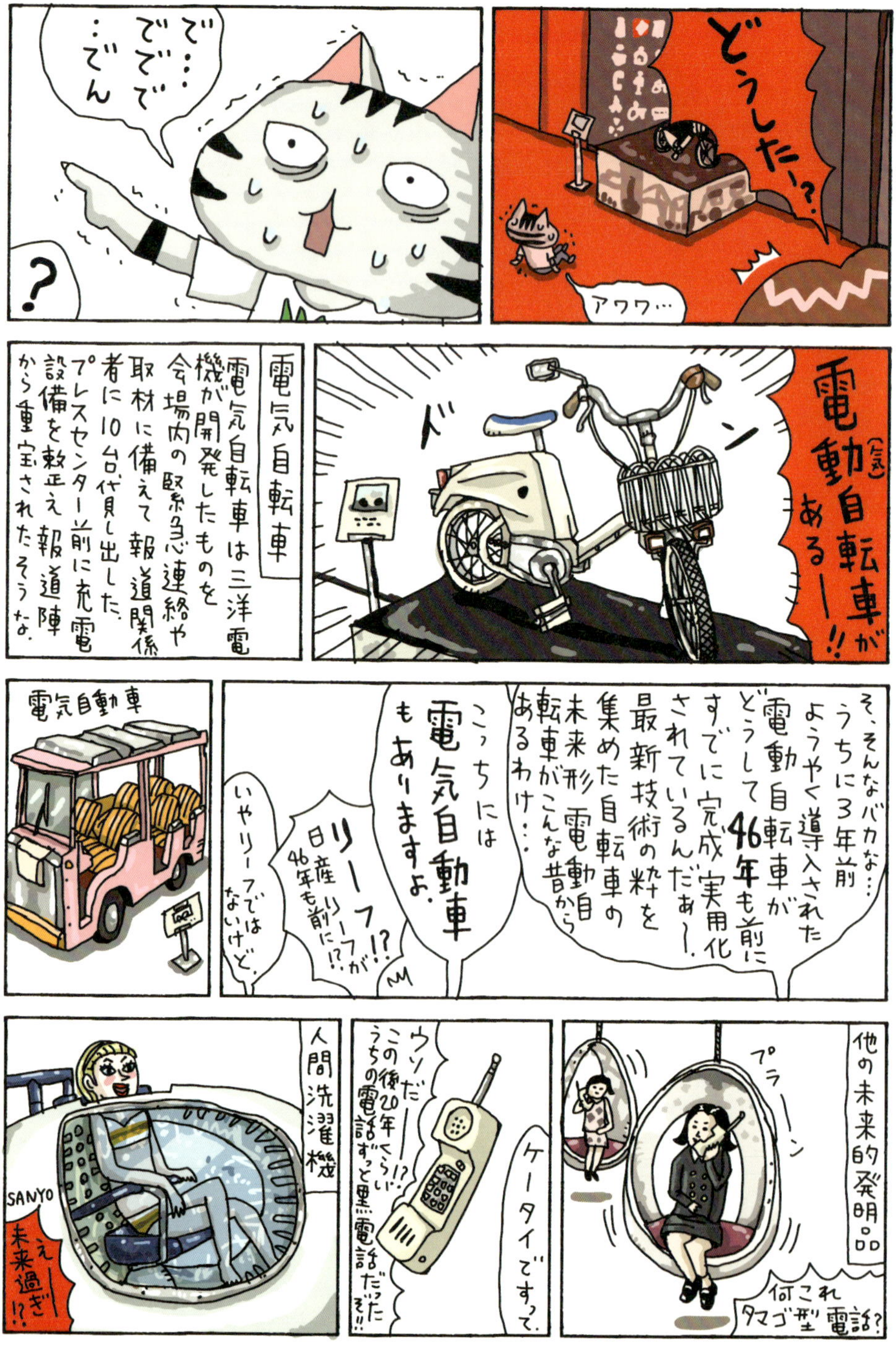
どうした～?
アワワ…
で…でででで…でん
?
電動(気)自転車がある～!!
ドン
電気自動車
電気自転車は三洋電機が開発したものを会場内の緊急連絡や取材に備えて報道関係者に10台貸し出した。プレスセンター前に充電設備を整え報道陣から重宝されたそうな。
そ、そんなバカな…うちに3年前ようやく導入された電動自転車がどうして46年も前にすでに完成実用化されているんだぁ～。最新技術の粋を集めた自転車の未来形電動自転車がこんな昔からあるわけ…
こっちには電気自動車もありますよ。
リーフ!? 日産リーフが46年も前に!?
いやリーフではないけど。
他の未来的発明品
プラ～ン
何これタマゴ型電話?
ケータイですって。
ウソだ―!? この後20年くらいうちの電話ずっと黒電話だったぞ!!
人間洗濯機
SANYO
え―未来過ぎ!?

何この敗北感
46年も前の技術なんて今じゃ見る影もないだろうと正直思っていたのになんか今とあんまり変わんない気がするのは気のせいですか？むしろこの当時の方が発想が未来な気がする…
なんてことだ
岡本太郎の言葉は正しかった、
人類は進歩なんかしてなかったんだ
うわ〜〜しん
例えるならスゴい遠くまで走ってきたと思っていたら…
ヘイヘイ 2016年モデルが未来へ向かってバク走するぜ
ウィ
ハッ
ハイハイ
70年代の手の平
まだ70年代の手の平をチョロチョロしてましたみたいな感じ。
なんか今の技術ってこの頃の発想の延長にあるものばっかりなのだな〜
う〜ん、太阪万博はスゴかったっていう話は聞いてたけど当時の人が過去を美化して昔を懐かしんでるだけでしょくらいに思ってたけど本当にスゴかったんだなって今日実感したよ。
ポッキリ
ボンさん!? ハナ折れてるよ!!
ていうかハナあったっけ
いやもう昔だからってバカにしてスイマセンでした。
天狗になってたハナも折れました。
お土産に買った当時のトレー？
レトロカッコいい♪
サビ
サビ
なんだか帰り道で見た太陽の塔は来る時よりカッコよく見えたのでありました。

ファッションもステキだわ。近未来だわ。

万博ホステス ユニフォームコレクション

ホステスとは今のコンパニオンのこと。
銀座でお酒の接待をしてくれる女の人ではない。

The Photo Gallery

お好み焼きを待つ間、万博記念公園について話してたの。そしたら、トノツカさんは子どもの頃大阪万博に行ったことあるっていうので、色々お話聞いて盛り上がっちゃったよ。

太陽の塔はホントに想像以上に大きくて、そしてなんだかよくわからない魅力があったよ。実物見る前と後では、全然印象が変わっちゃったな。

EXPO'70 パビリオンの展示もね、みんな正直そんなに興味なかったのね。でも展示品見ただけなのに、その時代の熱気とか勢いに圧倒されちゃって、全員どはまりしちゃったの。そのまま閉館までずっといたからね。帰ってからもすごい色々調べちゃった。

スタンプってなんか押しちゃうよね。万博当時の絵柄って聞いたら、ますます押したくなっちゃうよね。

レトロと
ゴジラと
トラ柄と

6章

コーヒーアクマイスター
カネコの純喫茶探訪
最終回
いよいよ本日を持ちまして大阪編最終日でございまーーす。
ハイ オハヨー ゴザイマス、イヨイヨ コンカイヲ モチマシテ サイシュウカイデス、サイゴノキッサハ コチラノ オミセ マヅラ デス。オサケ オイテアル ケド フンイキハ カンゼンニ シニセ ジュンキッサデス。
コーヒーの値段からして相当な老舗だなこりゃ。
マヅラ
コーヒー 250円
コーヒー安っ!?
モーニングセット
コーヒー or 紅茶 + 玉子サンド or トースト
¥350
モーニングも安っ!!
とりあえず記念にマヅラとツーショット撮っといて♪
それマヅラじゃなくてジョニーウォーカーだよ。
パシャ
え?めっちゃこの人マヅラっぽいけど。ジョニーウォーカーってお酒の人?薬局の前のサトちゃん的なメーカーの宣伝マスコットか…絶対マヅラだと思ったのに。
店内はとってもスペーシー
レトロモダンスペーシー~
なんかウルトラ警備隊の基地みて~だな。
ほほー これまでの純喫茶はレトロでクラシックな感じだったがここはレトロなんだけど未来を感じる。昨日の万博のパビリオンを思わせるレトロフューチャーテイスト♪
モーニングセット4ツ。タマゴサンドデ♪
かしこまりました。
STAY WITH

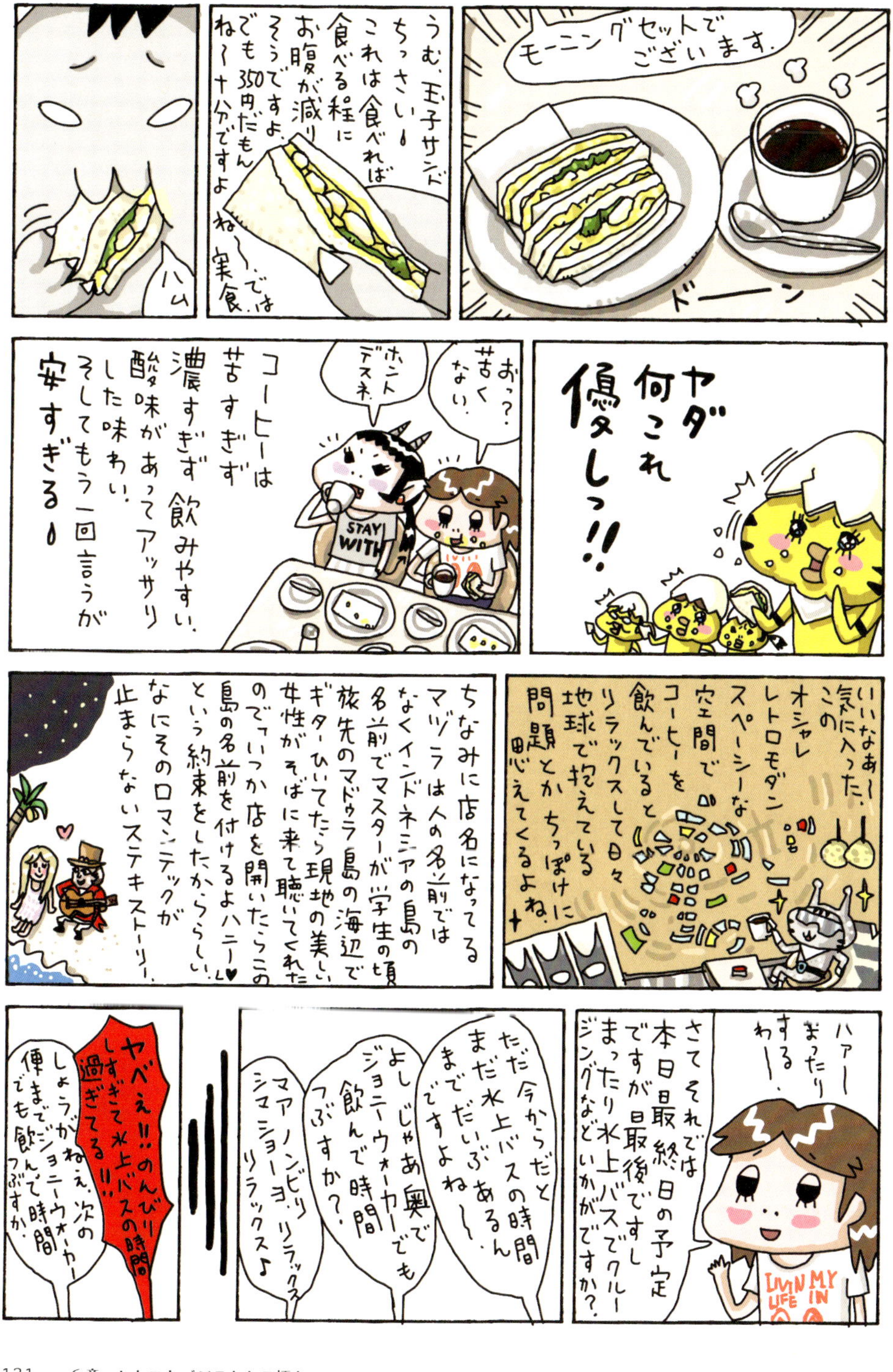
モーニングセットでございます。
ドーーン
うむ、玉子サンドちっさい♪ これは食べれば食べる程にお腹が減りそうですよ。でも350円だもんね〜十分ですよね〜
では実食
ハム
ヤダ何これ優しっ!!
おっ？苦くない。
ホントデスネ
STAY WITH
コーヒーは苦すぎず濃すぎず飲みやすい。酸味があってアッサリした味わい。そしてもう一回言うが安すぎる♪
いいなあ〜気に入った。このオシャレレトロモダンスペーシーな空間でコーヒーを飲んでいるとリラックスして日々地球で抱えている問題とかちっぽけに思えてくるよね。
ちなみに店名になってるマヅラは人の名前ではなくインドネシアの島の名前でマスターが学生の頃旅先のマドゥラ島の海辺でギターひいてたら現地の美しい女性がそばに来て聴いてくれたのでいつか店を開いたらこの島の名前を付けるよハニー♥という約束をしたかららしい。なにその口マンテックが止まらないステキストーリー。
ハァーまったりするわー。
さてそれでは本日最終日の予定ですが最後ですしまったり水上バスでクルージングなどいかがですか？
LIVIN MY LIFE IN
ただ今からだとまだ水上バスの時間まではだいぶあるんですよね〜
よし じゃあ奥でもジョニーウォーカーでも飲んで時間つぶすか？
マァノンビリシマショーヨ。リラックスリラックス♪
ヤベぇ!!のんびりしすぎて水上バスの時間過ぎてる!!
しょうがねぇ、次の便までジョニーウォーカーでも飲んで時間つぶすか。

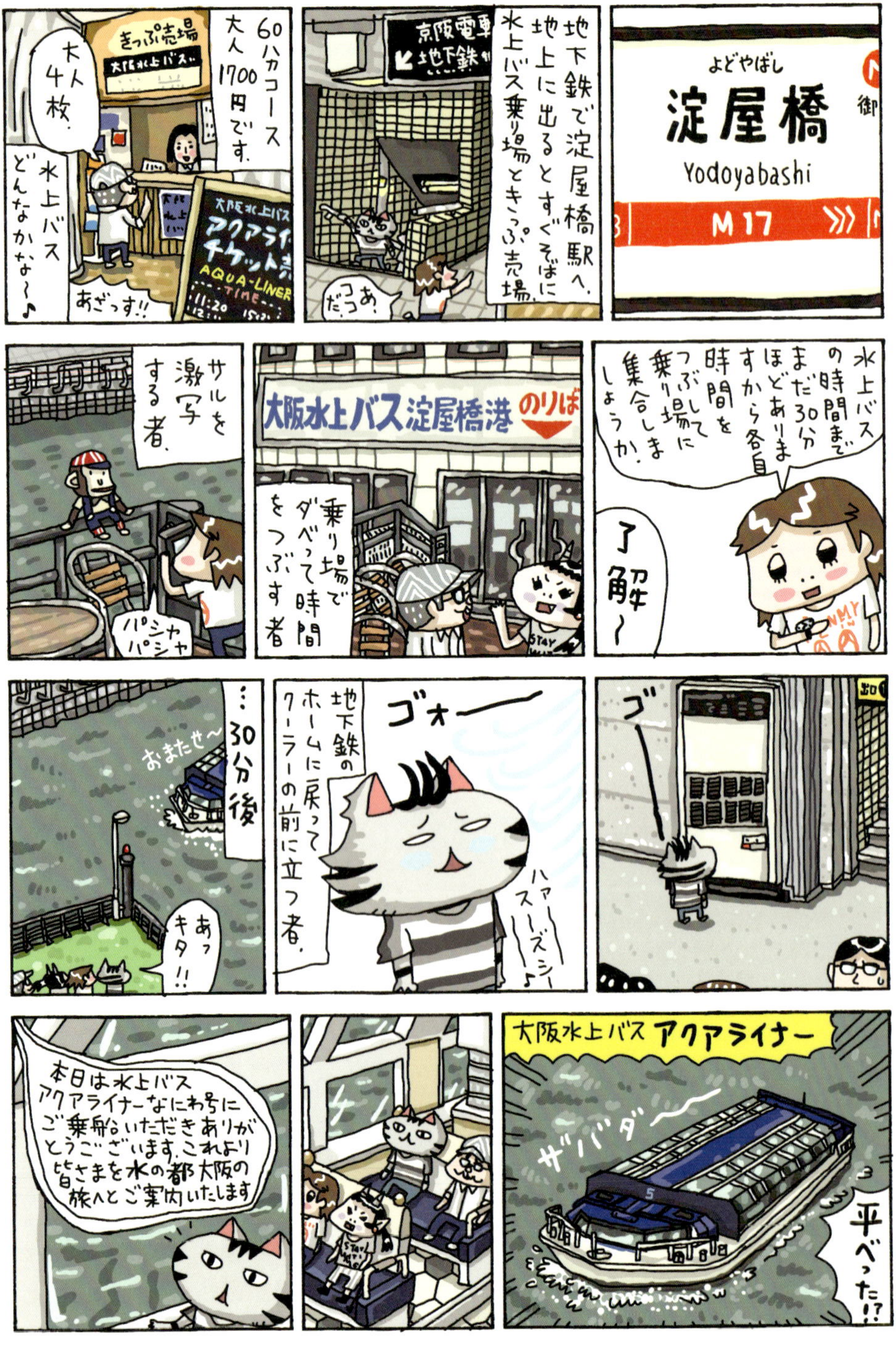
よどやばし
淀屋橋
Yodoyabashi
M17
御
地下鉄で淀屋橋駅へ、地上に出るとすぐそばに水上バス乗り場ときっぷ売場。
京阪電車
地下鉄
あ、ここだ。
60分コース大人1700円です。
大人4枚。
きっぷ売場
大阪水上バス
大阪水上バス
アクアライナー
チケット売
AQUA-LINER
TIME
11:20
水上バスどんなかな〜♪
あざっす!!
水上バスの時間までまだ30分ほどありますから各自時間をつぶして乗り場に集合しましょうか。
了解〜
大阪水上バス淀屋橋港
のりば
乗り場でダベって時間をつぶす者
STAY
サルを激写する者。
パシャパシャ
ゴー
ゴォーー
地下鉄のホームに戻ってクーラーの前に立つ者。
ハァ〜スーズシー♪
…30分後
おまたせ〜
あっキタ!!
大阪水上バス アクアライナー
ザバダ〜〜
平べった!?
本日は水上バスアクアライナーなにわ号にご乗船いただきありがとうございます。これより皆さまを水の都大阪の旅へとご案内いたします

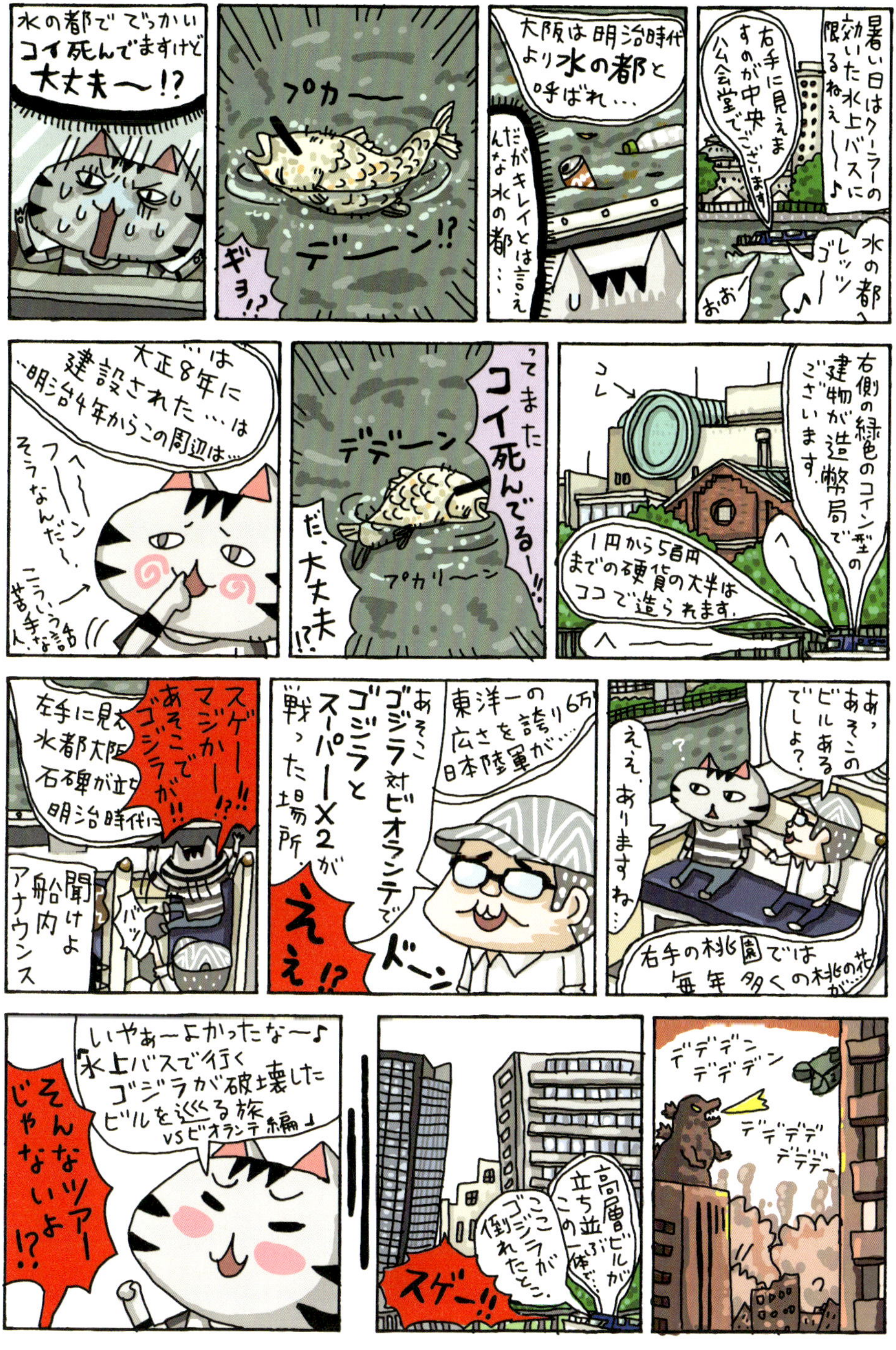
暑い日はクーラーの効いた水上バスに限るねぇ〜♪
右手に見えますのが中央公会堂でございます
水の都へレッツゴー♪
おお〜
大阪は明治時代より水の都と呼ばれ…
だがキレイとは言えんな水の都…
プカ〜〜
デーーン!?
ギョ!?
水の都ででっかいコイ死んでますけど大丈夫〜!?
右側の緑色のコイン型の建物が造幣局でございます。
コレ
1円から5百円までの硬貨の大半はココで造られます。
へ〜
へーーー
ってまたコイ死んでるー!!
デデーン
プカリ〜〜ン
だ、大丈夫!?
…は 大正8年に 建設された…は …明治4年からこの周辺は…
へ〜 フーーン そうなんだ〜
こういう話苦手な人
あ、あそこのビルあるでしょ?
?
ええ、ありますね…
右手の桃園では毎年多くの桃の花が…
東洋一の広さを誇り6万 日本陸軍が…
あそこゴジラ対ビオランテでゴジラとスーパーX2が戦った場所。
ドーン
ええ!?
左手に見え 水都大阪 石碑が立 明治時代に
スゲー!! マジかー!? あそこでゴジラが!!
バッ
聞けよ船内アナウンス
デデデン デデデン
デデデデ デデデー
高層ビルが立ち並ぶこの一体で…
ここゴジラが倒れたとこ
スゲー!!
いやあ〜よかったな〜♪『水上バスで行くゴジラが破壊したビルを巡る旅 VSビオランテ編』
そんなツアーじゃないよ!?

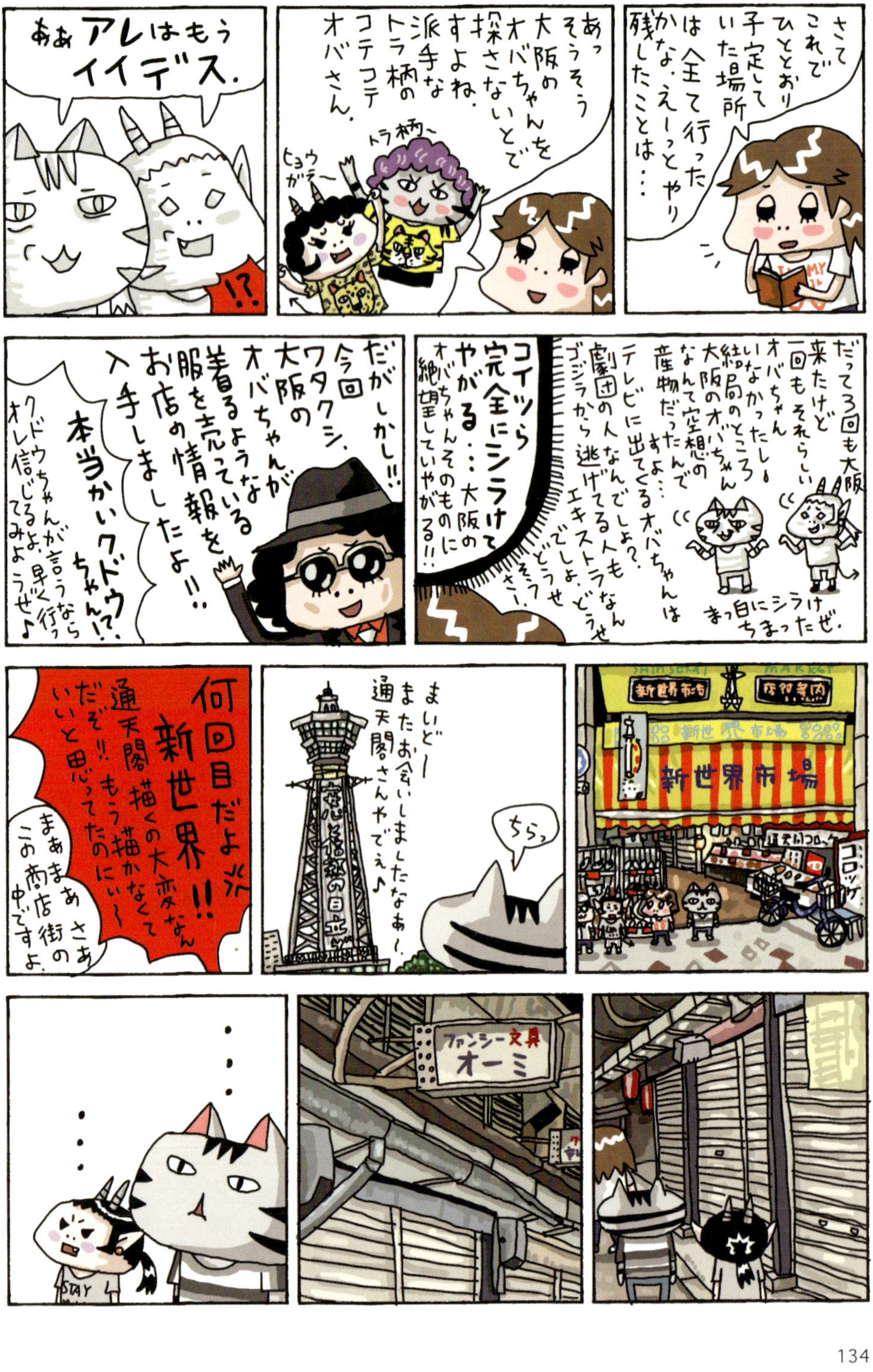

さてこれでひととおり予定していた場所は全て行ったかな。えーっとやり残したことは…
あっそうそう大阪のオバちゃんを探さないとですよね。派手なトラ柄のコテコテオバさん。
トラ柄ー
ヒョウガラー
ああアレはもうイイデス。
!?
だって3回も大阪来たけど一回もそれらしいオバちゃんいなかったし。結局のところ大阪のオバちゃんなんて空想の産物だったんですよ…テレビに出てくるオバちゃんは劇団の人なんでしょ?ゴジラから逃げてる人もエキストラなんでしょ。どうせ
どうせそうさー。
まっ白にシラけちまったぜ。
コイツら完全にシラけてやがる…大阪のオバちゃんそのものに絶望していやがる!!
だがしかし!! 今回ワタクシ、大阪のオバちゃんが着るような服を売っているお店の情報を入手しましたよ!!
本当かいクドウちゃん!?
クドウちゃんが言うならオレ信じてみようぜ♪
早く行こうよ。
新世界市場
コロッケ
まいど〜 またお会いしましたなあ〜。通天閣さんやでぇ♪
ちらっ
何回目だよ※新世界!! 通天閣描くの大変なんだぞ!! もう描かなくていいと思ってたのにぃ〜
まあまあ さあこの商店街の中ですよ。
ファンシー文具 オーミ
…
…

…だいぶシャッターしとるな。
いやいやでもそのお店は県外からも買いに来る人もいる有名店らしいですよ。
オバチャン…
はい!! ココでーす。
うわーなるほど～
トラ柄ワンピース ¥4,900
スゴいなあ…ゴーゴン大公だってコレは着こなせないと思うなあ…うわー
いらっしゃい♪
アレ?
ちょっとお伺いしたいんですがね。
予想に反して品の良いお姉さんが出てきた…いや決して品の悪いオバちゃんが出てくると思ってたわけじゃないけど…
しかしアニマル柄を着てないとは意外だった…
くるっ
ですよね～
こっちのとか男性も買ってかれるんですよ～
お話を伺ったところ最近は地元のオバちゃんより地方から来た人が買っていくらしい。
ネタ土産としてか?
ああそれ?大阪のニューヒロイン「絡んでくるアイドル」オバチャーンやで♪
何だこのポスター?
絡んでくるアイドル
オバチャーン
メジャーデビュー
絡まれたくねー…
うーむ やはりトラ柄を着た大阪のオバちゃんは もはやスマトラトラ並みの絶滅危惧種となってしまっているようだ。見つけたらバーンとか言って撃ったりせず大事に保護してあげたいと思う。
レア

ですねー、そろそろお昼にしますか♪
あ〜〜 お腹減ったな〜。
づぼらや
何食べます？ だいたい大阪名物は食べましたけどね…
だよねー あとまだ食べてないものといったらなんだろうなー…
ナンダローナー
日本一 ふぐ料理
編集長ぉ〜〜 フグおごって♡
・・・・
づぼらや
フグまんとは違う!!
これが大阪名物 フグづくし定食 2,200円!!
フグの出汁のうどん
フグの皮揚げたヤツ
フグのカラ揚げ
フグの3種寿司
おおーー フグキター!!
キラ〜ン
見よこの透け感。このシースルー具合が高級感をかもし出すわけよ!! たぶん。
イカとは違うのだよ、イカとは!!
しかしなぜ大阪でフグなのか？ フグといったら山口県下関なイメージなんだけど…一説によるとフグを調理する資格が大阪は取りやすいから調理できる人が多く、結果フグのお店がたくさんある、ということらしい。具体的には山口県や東京で資格を取る場合、2、3年以上の実務経験を経た後、学科・実技が行われるのに対し、大阪では経験不要で講習会に出るだけで取れる…だ、大丈夫か!?

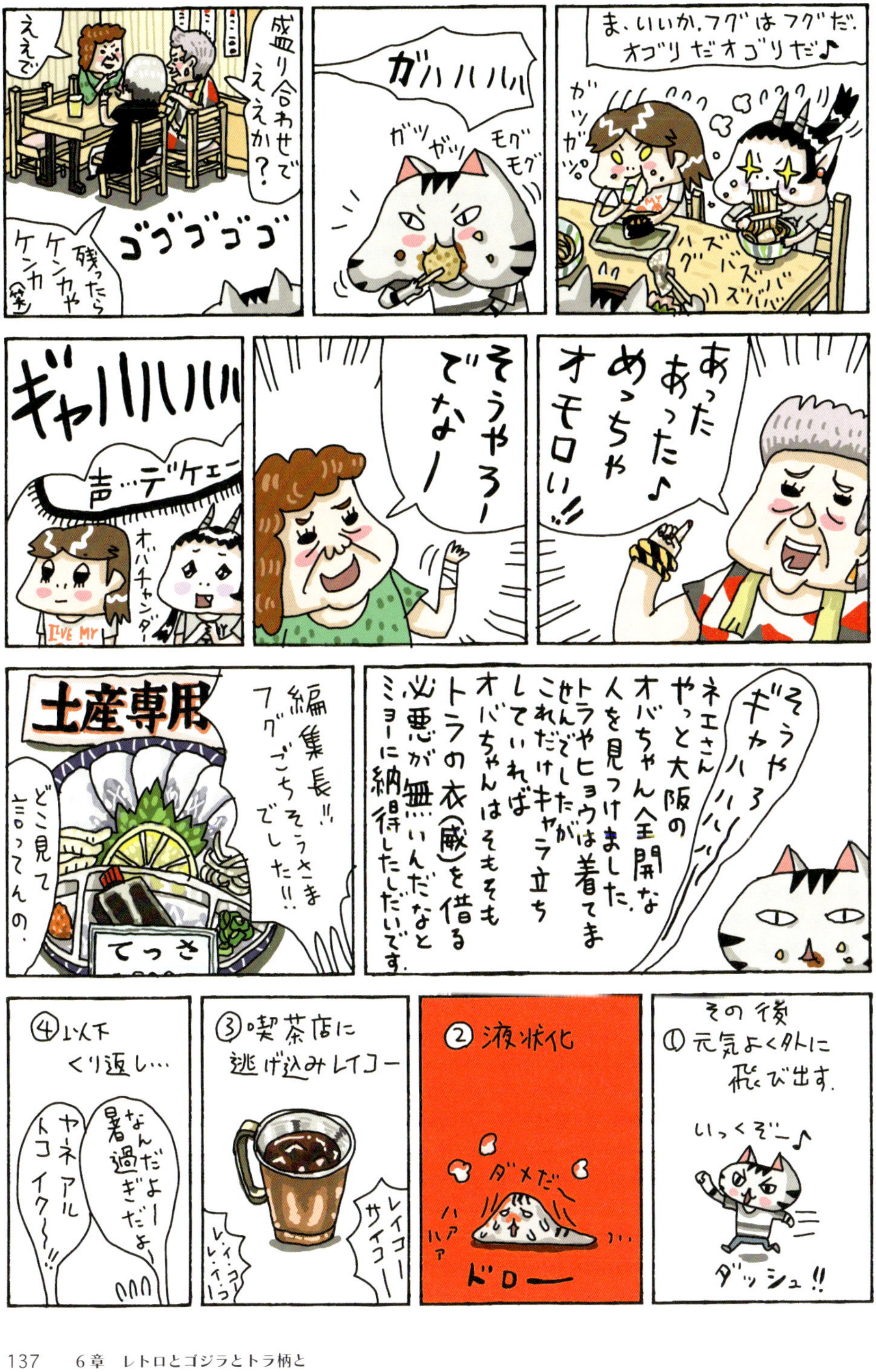

盛り合わせでええか？
ええで
ゴゴゴゴゴ
残ったらケンカやケンカ(笑)
ガハハハハ
ガツガツ
モグモグ
ま、いいか。フグはフグだ。オゴリだオゴリだ♪
ガツガツ
あったあった♪めっちゃオモロい!!
そうやろーでなー
ギャハハハハ
声…デケェー
オバチャンダー
ネエさんやっと大阪のオバちゃん全開な人を見つけました。トラやヒョウは着てませんでしたがこれだけキャラ立ちしていればオバちゃんはそもそもトラの衣(威)を借る必要が無いんだなとミョーに納得したしだいです。
そうやろギャハハハ
編集長!! フグごちそうさまでした!!
土産専用
てっさ
どこ見て言ってんの。
その後 ①元気よく外に飛び出す。
いっくぞー♪
ダッシュ!!
②液状化
ダメだ〜
ハァハァ
ドロー
③喫茶店に逃げ込みレイコー
レイコーサイコー
レイコレイコ
④以下くり返し…
なんだよー暑過ぎだよ〜
ヤーネアルトコイクー!!

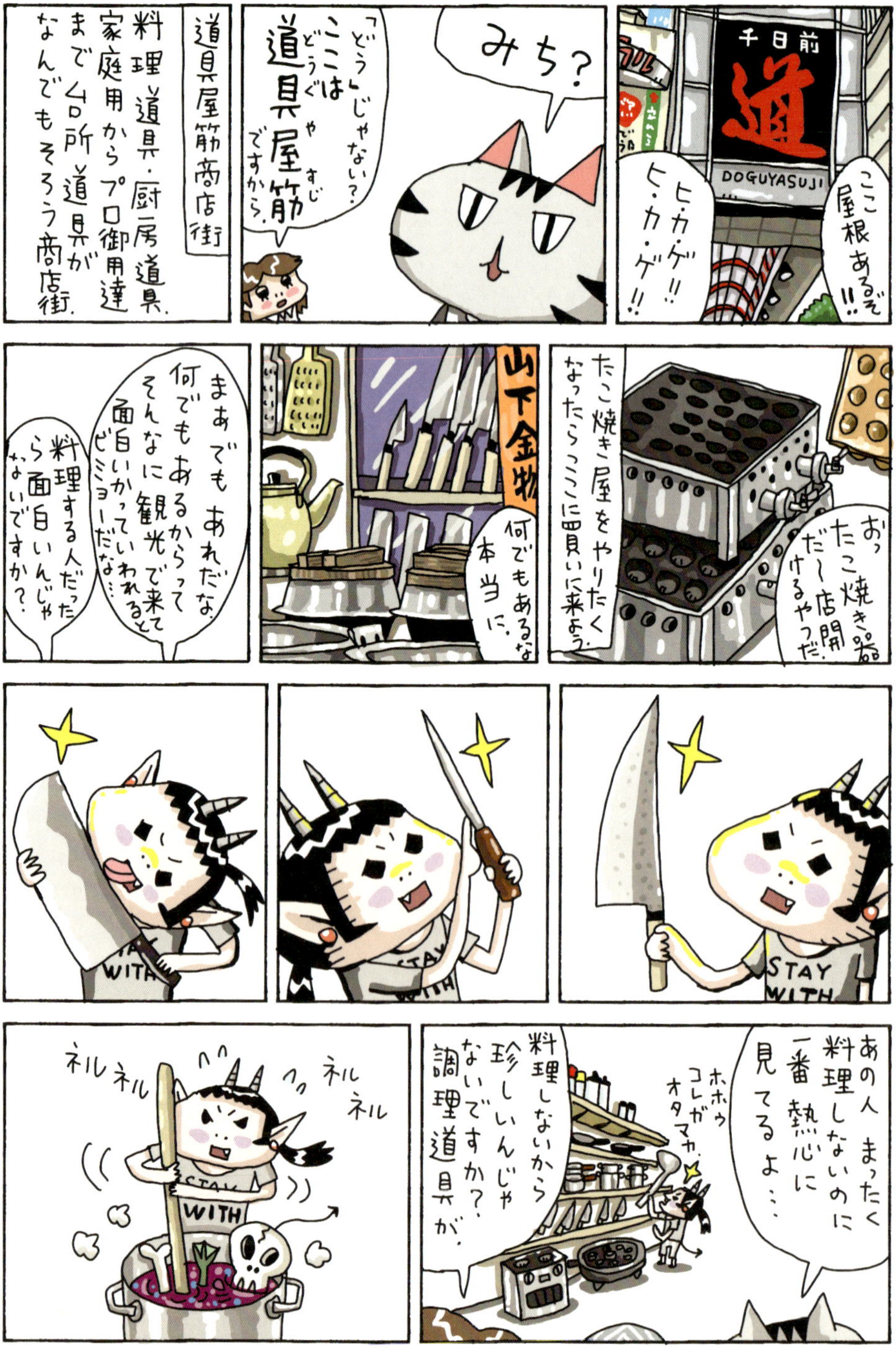
千日前
道
DOGUYASUJI
ここ屋根あるぞ!!
ヒ・カ・ゲ!! ヒ・カ・ゲ!!
みち?
「どう」じゃない? ここは道具屋筋《どうぐやすじ》ですから。
道具屋筋商店街
料理道具・厨房道具、家庭用からプロ御用達まで台所道具がなんでもそろう商店街。
おっ たこ焼き器だ~ 店開けるやつだ。
たこ焼き屋をやりたくなったらここに買いに来よう。
山下金物
何でもあるな 本当に。
まあでもあれだな。何でもあるからって そんなに観光で来て面白いかっていわれると ビミョーだな…
料理する人だったら面白いんじゃないですか?
STAY WITH
あの人 まったく料理しないのに一番熱心に見てるよ…
ホホゥ コレガ オタマカ。
料理しないから珍しいんじゃないですか? 調理道具が。
ネルネル ネルネル
WITH

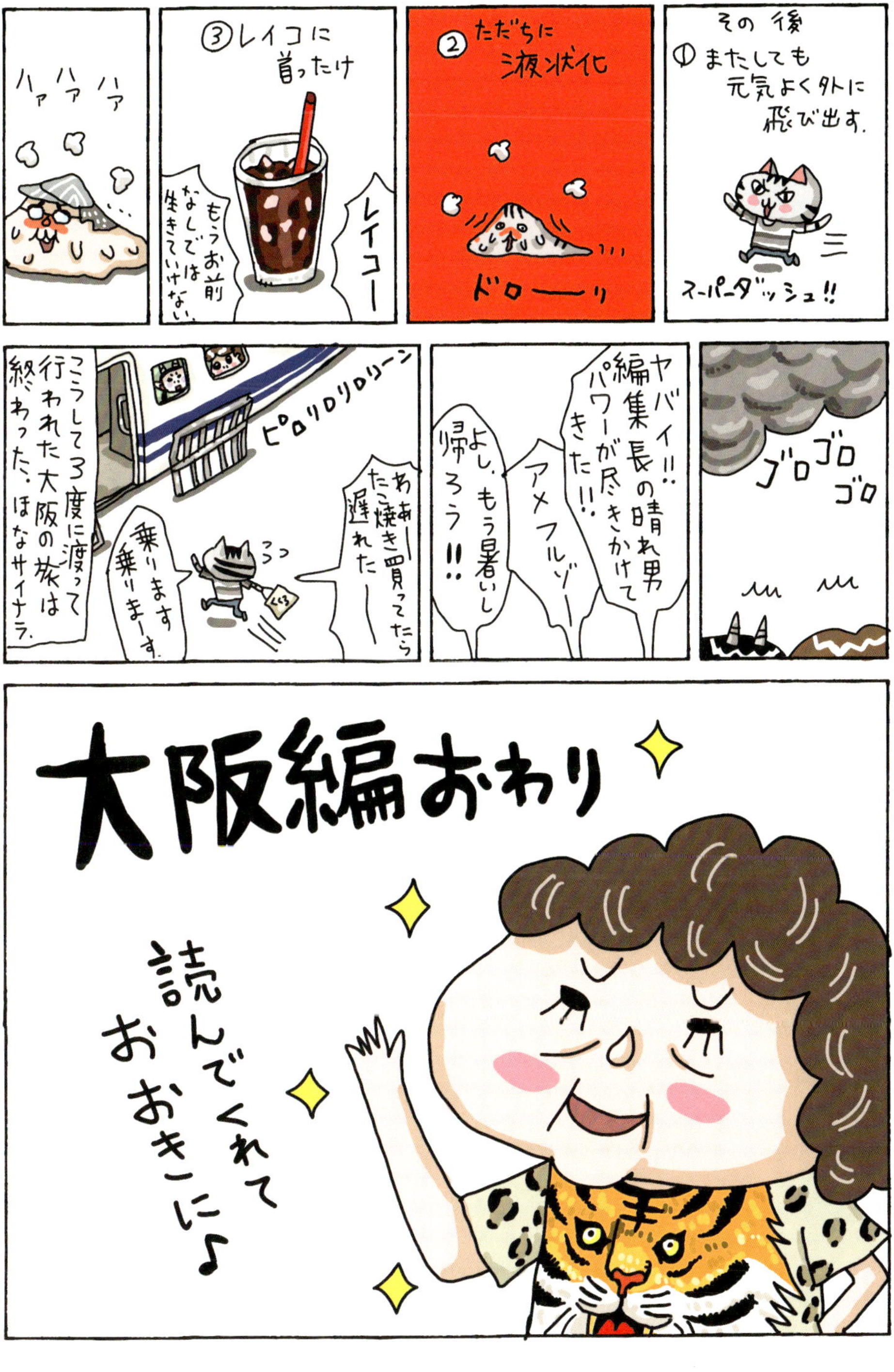
その後
①またしても
元気よく外に
飛び出す。
スーパーダッシュ!!
②ただちに
液状化
ドローーリ
③レイコに
首ったけ
レイコー
もうお前
なしでは
生きていけない。
ハァハァハァ
ゴロゴロ
ゴロ
ヤバイ!!
編集長の晴れ男
パワーが尽きかけて
きた!!
アメフルゾー
よし、もう暑いし
帰ろう!!
ピロリロリロリーン
わあー
たこ焼き買ってたら
遅れたー
乗ります
乗りまーす。
こうして3度に渡って
行われた大阪の旅は
終わった。ほなサイナラ。
大阪編おわり
読んでくれて
おおきに♪

知らなくてもええで。大阪専門用語

◎おおきに→ありがとう

◎マクド→マクドナルド

◎レイコー→アイスコーヒー

↳冷コーヒー→レイコーヒー→レイコー

◎レスカ→レモンスカッシュ

◎クリームジュース→アイスクリームが乗ったミックスジュース

◎タイガース→最強

◎なんでやねん→ツッコミ

◎メガネメガネ→うろたえているさま。

◎二度づけ→禁止

◎チャウチャウ→犬じゃない

◎ケツの穴に手ぇつっこんで奥歯ガタガタ言わせたろか→怖い

オマケマンガ

ザクとは違うのだよザクとは!!

法善寺横丁
法善寺横丁は情緒があってステキですよ♪
小料理屋さんが並んでいます
ただこの辺は老舗の名店が多いのでちょっと予算が足りないかな…
浅草
ぐふ
フグな。

The Photo Gallery

水上バスは大川を１時間ぐらい回って帰ってくるのですが、涼しいところに座っているだけで、レトロな建物とか大阪城とかスイーっと見れちゃうので快適で素敵でした。

大阪最後の朝食は、梅田の地下街をテクテク歩いて探しに行きました。

水位によっては、橋をくぐる時にぶつからないように屋根が上下するんですって。後ろの柱のようなのが伸びたり縮んだりするの。ちょっと面白い。

ついにふぐも食べちゃいました。やっぱりお刺身が一番美味しかったかな。ごちそうさまでした！

取材の締めはやっぱりたこ焼きで。もう…お腹いっぱい。

最後にもう一度通天閣を見上げて。結局「大阪のおばちゃん」には出会えずでした…。残念。

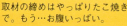

あとがき

お疲れさまです♪終わりましたね
…真田丸(そっち!?)
しかし今回はアレだな…
今までになく描いてはいけない
ものを描きまくってしまったな。
一体大阪の何が
そうさせたのか…
(大阪のせいにするな)
今回もおつきあいいただきまして
ありがとうございました!!
じゃなかった…
おおきに!!

2017.2.3 Bon.

■ ボンボヤージュ

1973年岡山県倉敷市生まれ。
イラストレーター。主に頭の大きい動物キャラクターを描く。意味を知らずにつけたペンネームはフランス語で「よい旅を」の意味だが、旅行は強制されない限り興味なしの、ひきこもり体質。人前で話すのも苦手。過去の大阪サイン会では、事前打合せで「喋りませんよ、喋りませんからね！」と念を押して断っておいたのに、本番で「ではどうぞ」とマイクを渡され、お笑いの街は怖いところだ…と実感する。書籍をはじめ、Web・携帯サイト、LINEスタンプ、雑貨・文具等、様々な分野で活動し、幅広い世代の人気を集めている。本書は旅ボンシリーズ第6弾。著書に『旅ボン』シリーズ、『大人ボン』(主婦と生活社)、『ちびギャラ』シリーズなどがある。

著者公式HP & モバイルサイト
http://www.bonsha.com

※本書は2015年11月～2016年7月に大阪を旅した体験を元に描かれております。

旅ボン 大阪編

著　者　ボンボヤージュ
編集人　殿塚郁夫
発行人　永田智之
発　行　主婦と生活社
〒104-8357
東京都中央区京橋3-5-7
編集部　03-3563-5133
販売部　03-3563-5121
生産部　03-3563-5125
ホームページ　http://www.shufu.co.jp/
印刷　大日本印刷株式会社
製本　共同製本株式会社

編集・デザイン　鈴木知枝　金子美夏（有限会社ボン社）
担当　斉藤正次

ISBN978-4-391-14800-8　Printed in Japan